もし文豪たちが
カップ焼きそばの
作り方を書いたら

神田桂一　菊池良

宝島
SUGOI
文庫

宝島社

もし村上春樹が本書の「はじめに」を書いたら…

この本には「カップ焼きそばの作り方」についてが書かれている。それ以上でもそれ以下でもない。何ら実用性はないし、深い洞察があるわけでもない。始めから終わりまで、本当にそれだけしか書かれていない。毎年十月になると、ノーベル文学賞が発表されるが、この本が受賞することはあり得ないだろう。「脳減るぶんがく賞」すら無理だ。

収録されている作家はなるべくバラエティに富むよう工夫した。近代から現代までの国内作家、代表的な海外の作家、歌手やエッセイスト、それと特徴的な文体の雑誌もいくつか。ここで少しばかり例をあげると、太宰治、三島由紀夫、トマス・ピンチョン、アンドレ・ブルトンなどの合計百十人である。一部人物じゃないものが交ざっているのは、ご愛嬌ということで許していただきたい。

この本は軽く読んではははと笑って、ページを閉じた瞬間にすべてを忘れるような本を目指して書かれた。好むと好まざるとにかかわらず、どのページにも冗談が書かれている。ある種のくだらなさだけを書こうと、僕は決意していた。そういう類いのものだ。

世の中には様々な文体があり、どの作家も自分だけの文体を確立しようと腕を磨いている。作家とはそういうものだ。そこに意味はない。元来の性分で、そうしてしまうのだ。この本を読んで、その一端でも感じてもらえたら嬉しい。

★

この本を書くにあたって、多くの作品を参考にさせてもらった。とりわけ、デレク・ハートフィールドの一連の著作には、大きなインスピレーションを受けている。彼への感謝を述べて、この文章を終わりにしたい。

二〇一七年二月　空港でイギリス行きの飛行機を待つ朝に　村……いや、菊池良

《目次》

もしあなたが文豪たちの綴ったカップ焼きそばの作り方を読んだら

もしカップ焼きそばの作り方をただそのまんま本に載せたら

もしあなたが
文豪たちの綴った
カップ焼きそばの作り方を
読んだら

太宰 治

焼きそば失格

【第一の手記】

申し上げます。申し上げます。私はお腹が空いてしまいました。このままでは得意のお道化芝居もままなりません。空腹に耐えかね、私は台所の戸棚を出鱈目《でたらめ》に開けました。

これは、ヘノモチン。

これは、パビナール。

これは、カルモチン。

うわっはっは、と私は可笑《おか》しくなりました。これは真っ当な人間の生活ではありません。

【第二の手記】

私は賭けに出て、最後の戸棚を開きました。カップ焼きそばがありました。

カップ焼きそばは、まずお湯を入れなければいけません。私に立ちはだかったこ

Osamu Dazai

小説家　日本　1909〜1948

の厳然たる事実は、私を湯の沸騰へと向かわせました。
点線までを開け、かやくを振りかけて、お湯をかける。そうれ、俺ならできる。
自分で自分を鼓舞しながら、私はお湯を注ぎ込みました。
私に湯切りをする資格があるのでしょうか。きっと、あるのです。あるはずなのです。
「許してくれ」
そう呟《つぶや》きながら、私はお湯を捨てました。

【第三の手記】
カップ焼きそば。

よい湯切りをしたあとで一杯のカップ焼きそばを啜《すす》る。
麺から立ち上る湯気が顔に当たって
あったかいのさ。
どうにか、なる。

もし手塚治虫が太宰治を描いたら
…を田中圭一が描いたら

村上春樹

1973年のカップ焼きそば

きみがカップ焼きそばを作ろうとしている事実について、僕は何も興味を持っていないし、何かを言う権利もない。エレベーターの階数表示を眺めるように、ただ見ているだけだ。

＊

勝手に液体ソースとかやくを取り出せばいいし、容器にお湯を入れて三分待てばいい。その間、きみが何をしようと自由だ。少なくとも、何もしない時間がそこに存在している。好むと好まざるとにかかわらず。

＊

読みかけの本を開いてもいいし、買ったばかりのレコードを聞いてもいい。同居

Haruki Murakami

小説家　日本　1949〜

人の退屈な話に耳を傾けたっていい。それも悪くない選択だ。結局のところ、三分間待てばいいのだ。それ以上でもそれ以下でもない。

＊

ただ、一つだけ確実に言えることがある。

＊

完璧な湯切りは存在しない。完璧な絶望が存在しないようにね。

コナン・ドイル

湯切りの研究

「この部屋の主《あるじ》はカップ焼きそばを食べたようだね」

「どうしてそれがわかるんだい？」

ホームズは部屋を見回しながらゆっくりと喋《しゃべ》りだした。

「まず、コンロにやかんが置いてある。中を見ると、わずかだが水が張られていて、触るとぬるい。これは誰かがお湯を沸かしたってことさ」

「でも、それじゃあカップ焼きそばを食べたってところまでわからないだろ？　紅茶を飲んだのかもしれないよ」

そう言う私に、彼は落ち着きはらった態度でつづけた。

「キッチンの流しを触ってみてくれ。こちらもわずかだが温度が上がっている。つまり、お湯は捨てられたってことだ。ワトスン君、紅茶を入れたら、キッチンに捨てるかい？」

「いいや、飲むね」

「そう。紅茶なら胃の中に消える。捨てるということは湯切りをした可能性が高い」

Arthur Conan Doyle

推理作家　イギリス　1859〜1930

「カップラーメンを食べた人が、健康に気を使ってスープを捨てた可能性もあるんじゃないか？」

「もちろん、それも検討したうえで、だよ。冷蔵庫を見てほしい」

彼に言われたとおり、冷蔵庫を開けた。中にはほとんどなにも入っておらず殺風景で、ドアポケットに調味料が折り重なるように乱雑に置かれていた。

「これがどうしたっていうんだ？」

ホームズはにやりと笑った。

「調味料を見てほしい。ケチャップに比べて、マヨネーズの減りが早いだろう？それに中身が絞り口のほうに片寄っている。ということは、直前に使った可能性が高い。ワトスン君、ラーメンにマヨネーズをかける人間に心当たりは？」

「……いや、ラーメンにマヨネーズをかけている人なんて見たことないよ」

「ということは、だ。カップ焼きそばを食べた可能性が高いってことだよ」

「なあるほど！」

わずかな事実からここまで読み取るとは。私は彼の観察力の鋭敏さに舌をまいた。

星野 源

Gen Hoshino　ミュージシャン・文筆家　日本　1981〜

焼きそば恥だがカップ立つ

カップ焼きそばが嫌いである。そもそもあれは焼きそばではないと僕は思っている。だって炒めてないんだもの。強いて言うならゆでそばだ。カップゆでそばだ。こんなことを言っているから彼女もできないし、周りから星野さんがまためんどくさいことを言っていると言われるのだろうけど。その他にも嫌いな面はいくつかある。まず、かやく。かやくって何だよ。普通に具でいいじゃないか。

あとは湯切り。あれがまったく進化していない。いつまでたっても完璧にできた試しがない。あれを克服しない限り、人類はまだまだだ。こんなことを言っているから彼女もできないし、周りから星野さんがまためんどくさいことを言っていると言われるのだろうけど(2回目)。あとシンクにお湯を捨てたときにボンッ!ってなるのもやめてもらいたい。あれはシンクのせいじゃなくてカップ焼きそば側の問題だ。要するに、お湯を使わなくてもいいようにつくってほしい。こんなこと言ってるから……。

ドストエフスキー

Fyodor Dostoevskiy　小説家　ロシア　1821〜1881

カラマーゾフの湯切り

僕はふたを開けるまで、まだこの代物がカップ焼きそばであることを決して信じないぞ！　誰に何を言われようとも！

かやくを入れてお湯を入れるだと？　言ってくれるじゃないか。僕はそもそもそういう作業が得意じゃなくってね。これは僕がやる作業ではない。

誰もいないので、僕がやるしかない。しかたない。やるか。数分待った。やっと湯切りか。こんな簡単なこと、ひとりでやってみせる。

やけどをしたことは黙っていてくれないか。それは僕のプライドに関わる問題だ。あとは食べるだけだ。カップ焼きそばをひとりで食べるなんて、なんと空《むな》しき夜なんだ。金輪際こんな夜はまっぴらだ。こんな夜、吹き飛ばしてしまいたい！　残さず食べたぞ！　おい、見ろよ！　空っぽだろ？　こんなの何の自慢にもなりゃしない！　わかってるそんなこと僕にも！　うるさい！　僕は！　僕はだな！　世界でひとり！

松尾芭蕉

Basho Matsuo　俳人　日本　1644～1694

麺の細道

キッチンや　薬缶《やかん》飛びこむ　水の音
熱湯を　集めて流し　湯切りかな
閑《しずか》さや　部屋にしみ入《い》る　啜《すす》る音
から容器　大食いどもが　夢の跡

田山花袋

Katai Tayama　小説家　日本　1871〜1930

カップ焼きそばを蒲団にこぼした

正午《ひる》になってだらだら過ごしながら渠《かれ》は考えた。「これだけの食慾《しょくよく》が自身に起こるということは、これは空腹なのではないだろうか」

文学者がカップ焼きそば！　渠は自分が焼きそばの趣味を有《も》っていると称して進んでこれを食べているが、内心これに甘んじておらぬことは言うまでもない。渠は頭髪《かみ》をむしりながら、カップ焼きそばの容器を取り出した。

薬缶がお湯を張《みなぎ》らせていた。あれだけのお湯を容器に注いだのは初めてではなかったろうか。

「とにかく三分は過ぎ去った。この焼きそばは既に完成だ！」

容器を傾けさえすれば、その底の底の湯切りは忽《たちま》ち勢いを得て、一挙に蓋が破れて了《しま》うだろうと思われた。それであるのに、綺麗にお湯だけが捨てられた。

ソースをかけると、食慾と期待と希望が忽《たちま》ち時雄を襲った。時雄は容器に箸を近づけて、カップ焼きそばを食べた。

漫才

[出演] 焼蕎麦《そば》かやく・そーす

「はい、どーもー。今日も漫才やらせていただいていますけどね」

「みなさん、正しいカップ焼きそばの作り方って知っていますか？」

「なに、急に？　みんな知っているでしょう、そのぐらい」

「いやいやいや。これが意外と知らなかったりするんですよ。今日は僕が説明しますんで、みなさん覚えて帰ってください。まず蓋をビリビリっと、ぜんぶ開けます」

「いやいや、ぜんぶ開けたら閉められなくなるでしょ！」

「やかんに水を入れてね、沸騰させます」

「そうそう。麺を戻すためにね」

「次に家の風呂場に行きます」

「え……？」

「それで焼きそばの容器に風呂の残り湯を入れちゃいましょう」

「なんでよ！　洗濯機じゃないんだから！　さっき沸騰させたお湯を入れないと！」

Comic dialogue

「待っている間は暇なので映画の『タイタニック』でも見ましょう」

「伸びちゃう、伸びちゃう！　あれ、3時間ぐらいあるから」

「ちょうどタイタニックが氷河にぶつかって、浸水し始めたときに、こっちは湯切りしてね」

「やかましいわ。ぜんぜん上手く言えていないから」

「感動して泣いたら焼きそばを食べましょう。塩味が効いた涙が隠し味の焼きそばです」

「だから、ぜんぜん上手いこと言えていないから！　もうええわ。どうも、ありがとうございましたー！」

大江健三郎

万延元年のカップ焼きそば

僕は躰《からだ》の内奥から湧き上がる「期待」に応えるように、手さぐりをした。「期待」の感覚をさがしあてた指は、カップ焼きそばを引きよせる。作れ、作れ。食欲がそれを望んでいる。眼ざめたばかりの躰は、立方体の側面に書かれた「作り方」を模倣する。捻《ひね》れ、捻れ。蛇口を捻って水を出す。やかんの暗闇のうちに、透明の液体が溜まっていく。僕はダイニング・キチンのコンロにそれを載せて、火にかけた。

沸騰するまでの渋滞のうちに、間断《かんだん》なく、焼きそばの準備をしなければならない。蓋を開けてかやくとソースが除去される。かやくの袋が破られ、中身がはみだそうとしていた。

沸騰した湯を容器に注いだ。お湯が乾燥麺を更新し、なまなましく強調していく。三分後、それは焼きそばになる。

湯切りの失敗は焼きそばの identity を喪《うしな》わせる。作り方は遡行《そこう》できない。僕は容器を傾け、慎重にお湯の喪失を観照していく。

——ヘンリー・ミラーの悲しみと、おなじ悲しみを俺は体験したんだ。一生のう

Kenzaburo Oe

小説家　日本　1935〜

ちで湯切りが失敗するほど、悲しいことはない。

焼きそばは熱い。ソースを混ぜると起ち上がる芳香は僕を魅惑した。口に運ぶと、唇の周りにこびりついて汚れる。僕はこれほどに即物的に徹底した焼きそばを見たことがない。肉体の内部は焼きそば固有の特性を色濃く感じた。

やがて食べ終わった空の容器が、抵抗しがたい眠気を誘った。僕はあらゆるものを判断停止して、横たわって眠りこんだ。

落合陽一

日清はメディア・アーティストだった。

社会学者のマックス・ヴェーバーはかつて近代科学のことを「脱魔術化」と呼びました。近代科学によってパスツール以前の魔術的、迷信的だった世界認識が塗り替えられたのです。

しかし、ヴェーバーの時代からさらに進んで現代は、「再魔術化」の時代だと社会批評家のモリス・バーマンは規定しています。

かつてアーサー・C・クラークは「十分に発達した科学技術は、魔法と見分けがつかない」と言いました。私たちは現在の生活において、たくさんのテクノロジーの恩恵を受けていますが、その仕組みはどんどんわかりにくくなっています。

それに代表されるのがカップ焼きそばの技術です。私たちは普通にカップ焼きそばを食べていますが、なぜお湯を入れただけでそれが出来上がるのかは気にしていません。

映像の世紀における焼きそばは鉄板とガスコンロが必要でした。

それに対して魔法の世紀におけるカップ焼きそばはお湯しか必要ありません。高

Yoichi Ochiai

メディアアーティスト　日本　1987〜

度なテクノロジーが極めて自然に生活へ馴染《なじ》んでいます。

これを「カーム・テクノロジー」と言います。ゼロックスのパロアルト研究所に勤めるマーク・ワイザーが提唱しました。彼が論文でこの概念を唱えたとき、それは夢物語にすぎませんでしたが、着実に実現へと向かっています。ちなみにマーク・ワイザーは「ユビキタスコンピュータ」の提唱者でもあります。彼は１９９９年に惜しくも亡くなっていますが、私たちは彼が夢見た世界を生きていると言っていいでしょう。

私たちの社会はコード化した自然＝「デジタルネイチャー」に進んでいると私は考えています。テクノロジーによって生活に溶け込んだカップ焼きそばは、さしずめ「デジタルヌードル（計算機麺）」と言えるでしょう。

私たちはデジタルヌードルの銀河系の中で、日清が奏でる音楽でダンスをし続けているのです。そのうえで、私はこう言いたいと思います。

全力でやかんを取れ、お湯を入れろ、批評家になるな、３分というエモさを受け入れすべてをシンクに傾けながら湯切りする自分を愛でろ。ソースをかけて箸を持つ自分にトキメキながら麺をすすれ。明日と明後日もカップ焼きそばを食べ続けろ。

志賀直哉

Naoya Shiga　小説家　日本　1883〜1971

焼蕎麦行路

若い貴族院議員のAは、知り合いからカップ焼蕎麦は作ったそばからすぐ食うのが通《つう》だと頻《しき》りに説かれた。Aはそれをやってみようと台所に立った。

Aはやかんを手にすると、カップ焼蕎麦の容器に勢よくお湯を入れた。Aは焼蕎麦の麺が段々膨らんで大きくなって行くのを数《すう》の上で知りたい気持から、凝《じ》っと見つめていた。

それから三分すると、重味のある焼蕎麦の函《はこ》を傾けて湯切りをした。口の中に溜《たま》って来る唾《つばき》を、音のしないように用心しいしい飲み込んだ。ソースを混ぜると、彼は飢え切った痩せ犬のように忽《たちま》ちの間に平らげた。

Aは食べ終わると、変に淋しい気がした。鱈腹《たらふく》に食って満足したはずなのに、何故だろう。何から来るのだろう。最後にその理由が書けるといいが、それはわからずじまいである。作者は此処《ここ》で筆を擱《お》く事にする。

小沢健二

Kenji Ozawa　ミュージシャン　日本　1968〜

痛快ウキウキ焼きそば通り

カップ焼きそばが作りたいの　そんな君の願いを叶えるため
お湯を沸かして　かやくを入れて
恥ずかしながらもペヤング通りを行ったり来たり

湯切りを他の誰かとわかり合う！
それだけがこのシンクを熱くする！
降りしきる　青ノリの中　肝心かなめのソース入れて
かき混ぜまくってふらふら歩いてく

レイモンド・チャンドラー

ロング・カップ焼きそば

【1】カップ焼きそばとの最初の出会いは、たいていはコンビニかスーパーだ。人は二ドルかそこらのコインを払ってそいつを手に入れる。そして、キッチンの戸棚に仕舞い込み、出番が来るのを待たせる。結局のところ、カップ焼きそばという食べものはそういう存在なのだ。

【2】ベッドの横で寝ている女が言った。「ねえ、小腹が空いたの。何か良いものはないかしら？」

　こんな場面がきて、ようやくカップ焼きそばの登場となる。往々にして、人生にはそういうポイントがいくつかあるものだ。

【3】カップ焼きそばを作るにはお湯が必要だ。セラミック製のケトルに水を入れ、ガス・コンロに火をつけて、沸騰を待つ。それが終わると、かやくを入れて、容器にお湯を注ぎ、三分待たなければいけない。ちょうど、煙草を一本吸い終わるぐらいの時間だ。

【4】三分が経《た》ち、灰皿に吸い殻を押し付けると、湯切りをする準備に取り掛かっ

Raymond Chandler

小説家ーハードボイルド　アメリカ　1888〜1959

た。湯切り用のツメを立て、流し台にゆっくりとお湯を捨てていく。湯気が顔にあたった。

「まだ？」と寝室から女の声がした。待つだけの人間は気楽なものだ。私はウィスキーのボトルに口を付け、最後の作業に取り掛かった。

【5】焼きそばにソースをかけて、箸で混ぜ合わせる。淡い黄色だった麺が茶色く染まっていく。私はそれを持って寝室に行くと、音を立てないようにナイト・テーブルに置いた。女はベッドで目を瞑《つむ》っている。微かにプアゾンの匂いがした。昨日の記憶がよみがえってくる。

寝室を出ようとすると、小さな声で「ドアを閉めて」と女が言った。私はそれが聞こえていないかのように、静かにドアを閉めた。

正岡子規

麺食いに与ふる書

蕎麦食わば　薬缶鳴るなり　ヒューヒュルリ

ペヤングや　フタより熱き　湯切り口

マヨネーズ　かければ味の　変わりけり

Shiki Masaoka

俳人　日本　1867～1902

かやく振て　麺のつまりし　仏かな

紫の　かやくに怪し　腐敗かな

赤いきつね　湯切り口など　なかりけり

もし水木しげるが正岡子規を描いたら
…を田中圭一が描いたら

『POPEYE』

カップ焼きそばは、日本発の世界的大発明なのだ！

日頃から本誌をチェックしているシティボーイな君たちならわかると思うけどカップ焼きそばについて語らなければいけない時期がそろそろ来たようだ。

●

カップ焼きそばなんてダサい！　そう思っている読者も多いかもしれない。だがちょっと待ってくれないか。そういうことは作って食べてみてからにしてくれないか。決めつけるの早くないかい？　まず、かやくを入れる。お湯を注ぐ。湯切りをする。ソースを混ぜる。たった４工程しかないんだ。こんなスマートな食べ物、他になくない？

●

おまけに今、カップ焼きそば業界が狂喜乱舞状態になっているってこと知ってる？パクチー味やチョコレート味みたいにいろんな味のカップ焼きそばが出てきていて、とにかく早くチェックしないといつの間にか商品、なくなってるから！　とにかく思い立ったが吉日、早く手に入れよう。君は何味が好みだい？

magazine POPEYE

東南アジアをバックパックで旅行したからパクチーが恋しい？　オーケー。じゃあパクチー味を食べてみよう。きっと、ねっとりとした湿気と強烈なナムプラーの匂いがよみがえってくるはずだ。

●

人の価値観なんてコロコロ変わる。世のシティボーイ諸君、じつはカップ焼きそばってかっこよくてスマートな食べ物なんだ。そのうち、ウディ・アレンの映画にでも、カップ焼きそばが出てくるに僕は1票。

●

池上 彰

池上彰のそうだったのか！　学べるカップ焼きそば

池上：カップ焼きそばとは、即席で焼きそばが作れるインスタント食品です。1970年代に初めて発売され、その後一般化していきました。みなさんも一度は食べたことありますよね。

今回はなかなかニュースでは取り上げられることのない「カップ焼きそばの作り方」について、解説したいと思います。

みなさん、カップ焼きそばと聞いて、まず何を思い浮かべますか？　そう、「カップ焼きそば」と書かれた商品のパッケージですよね。実はこのパッケージ、眺めているだけじゃ意味ないんですね。劇団ひとりさん、わかりますか？

劇団ひとり：……剝がさなきゃ、いけない？

池上：そうなんですね！　このパッケージ、剝がさなきゃいけないんです。剝がして、フタを開けて、中に入っているかやくやソースの小袋を取り出します。そして、かやくを麺にかける。ここまできたら、次は、お湯を入れましょう。お湯を入れたら……どうするんですかね？

Akira Ikegami

ジャーナリスト　日本　1950〜

劇団ひとり：飲み干す？

東ちづる：かき混ぜちゃうとか。

土田晃之：しばらく待つんじゃない？

池上：土田さん、さすがです。そうです、3分待つんですね。

劇団ひとり：はい！（挙手）

池上：劇団ひとりさん、どうしました？

劇団ひとり：さっき取り出した、ソースの小袋はどうするんですか？

池上：良い質問ですね！　こちらのソースの小袋、実はあとで使うんですね。捨てちゃいけないんです。こちらのソース、3分たって湯切りをしたあとに、かけるんですね！

劇団ひとり：へぇ〜。

土田晃之：かけるのか……。

池上：みなさん、カップ焼きそばの作り方、わかりましたか？　こちらをしっかりと学習したあとで、カップ焼きそばを作ってみてくださいね。

紀 貫之

土佐でかっぷ焼きそば日記

男もすなるかっぷ焼きそばといふものを、女もしてみむとてするなり。

それの年の十二月の二十日あまり、お湯を沸かし、かやくを入れ、一日の日の戌《いぬ》の時に、お湯を注ぐ。しばらくのほど、待ちたまへば、湯切り口から、いと軽やかにお湯を落とし、水気を取る。

そのよし、いささかにものに書きつく。かっぷ焼きそばの作り方をここにしるすこととする。

Tsurayuki Kino

歌人　日本　872 頃〜945 頃

ある人、県《あがた》の四年五年果てて、例のことどもみなし終へて、かっぷ焼きそばを開ける。

年ごろ、よく食べる人なむ、さうすを混ぜるも、若干にほひ立つ焼きそばを眺めつつ、夜更けぬ。

二十二日に、和泉の国にて、明らかに腐る。藤原のときざね、これはと馬に食わせる。

上中下、腐ったかっぷ焼きそばを食ひあきて、いとあやしく、潮海のほとりにて、もらし合へり。

相田みつを

Mitsuo Aida 書家・詩人 日本 1924〜1991

カップやきそばだもの

湯をいれる
三分まつ
湯切りをする

これだけなのに
むずかしい
すぐに食べたい
人間のわたし

宇能鴻一郎

Koichiro Uno　官能小説家　日本　1934〜

食欲の悦び

あたし、なんだか、体がウズいちゃって。お腹すいちゃったんです。キッチンを探していると、何かが手にさわって。ドキドキしながら手に持ってみると、カップやきそばでした。

あたし、ピッチリとしたビニールに指を入れて、包装をはがしたんです。正直、すごくスリルがありました。熱くなったお湯を容器に入れたら、麺が潤んできて。ソワソワしながら三分間まって湯切りをすると、麺がいやらしいくらい発達しているんです。

ソースをかけて、箸で

ズル　ズル

って食べると麺がムッチリしていて、あたしの柔らかい唇が水気で濡れました。ゴクッて飲みこむと、体が火照《ほて》って、気持ちのいい震えが爪先から駆け上ってくるんです。クラクラっとして、なんだかパンティをかえたくなっちゃって。

あたし、タイミングを見て、トイレに行きました。

安部公房

Kobo Abe　小説家　日本　1924〜1993

焼きそば男

《カップ焼きそばの場合》

これはカップ焼きそばの記録である。

ぼくは今、この記録をカップ焼きそばを作りながら書き始めている。蓋を開け、お湯を入れると、ちょうど三分待たなければならない。

つまり、その三分間で、この記録をつけているというわけだ。

カップ焼きそばは、お湯を入れるだけなら、わけはない。所要時間はせいぜい一分である。だが、湯切りをするのは、かなりの勇気がいる。

ところで、君は焼きそば男の噂を聞いたことがあるだろうか。べつにぼくの噂ではない。焼きそば男はぼくだけではないからだ。全国各地にかなりの数の焼きそば男が身を潜めている。キッチンに住み着き、焼きそばを作るのだ。だが、誰もが、出来れば、見て見ぬふりですませたがっている。

考えてみてほしい。いったい誰が焼きそば男で、焼きそば男じゃないのかを。

糸井重里

Shigesato Itoi　コピーライター　日本　1948〜

やきそば、新発見。

カップやきそばは、
「適当」に作れるところが、よいところだと思う。
やかんに水をいれて、ぴーっとなったら、
じょぼじょぼと容器にながしこんで、
ふふんと鼻歌でもうたって、
そのうちになったら湯切りをして食べる。
適当に作っても、うまいんだ、これが。
こういう適当さが、
人間の適当さにぴったりだとつくづく思います。

2017－03－08－WED

J・K・ローリング

ハリーポッターとヤキソバンの囚人

ハリーはバッグからハグリッドにもらった四角い包装を取り出した。そこには熱湯三分と四分の三秒と書かれていた。

「ただ熱湯をかけるようにって書いてあるよ。三分と四分の三秒」

ダーズリー家のおじさん、おばさんは目を丸くした。

「何分だって？」

「三分と四分の三秒」

「なんとバカバカしい！　そんな時間でできるわけがない」

ハリーはおじさん、おばさんにけなされて落ち込んだ。そんなハリーにハーマイオニーは「カップ焼きそば今昔《いまむかし》」という本を貸してくれた。

この本にはいろんなことが書いてあった。かつては湯切りがとても難しかったこと、三分以上かかるカップ焼きそばもあったこと、有史以前はほんとうに火で焼いていたこと。

スネイプが近づいてきたのでハリーは本を閉じた。

J. K. Rowling

小説家　イギリス　1965〜

「ポッター、何を読んでいるんだね？」

ハリーは「カップ焼きそば今昔《いまむかし》」の表紙を見せた。

「ポッター！」

スネイプは怒りに顔をゆがませた。

「勝手に間食をしてはいけないって、規則で決まっているだろう。よこしなさい。

グリフィンドール五点減点」

そう言うと本を取り上げて行ってしまった。

「そんな規則あるもんか」とハリーはブツブツ言った。

ハリーを可哀相に思ったハーマイオニーは杖を取り出し、言葉を選んで言った。

「ピエルトータム　ロコモーター」

すると、どこからかカップ焼きそばが転がってきた。

「アグメンティ　インセンディオ」

そう言うと、熱湯が容器に注がれていった。ハリーはもうすぐ夏休みがくることを思い出した。マグルの世界に戻らなければいけなかった。それを考えると、三分なんか経《た》たなきゃいいとハリーは思った。

町田 康

カップ焼きそば、つくってこます!

1, お湯を入れる。しかし果たしてお湯は何℃のお湯を入れればいいのであろうか。わからんではないか。お湯の温度によって、湯切りを待つ時間も微妙に変わってくるのであり、それは3分と書かれているにしても、お湯の温度を書くことがまず先決ではなかろうか。ぎゃふん。

2, お湯の温度問題が解決していないなか進めるのは非常に私のなかでもやもやする感じ感があるが、思い出したよやまちゃん。誰やねんやまちゃんて。かやくもあるよ。かやく。お湯の温度問題が解決しないとかやく問題も解決しないよやまちゃん。だってふくれすぎちゃったり、かたかったりするじゃないの。

3, しかし私はひらめいた。カップ焼きそばごときで私のこの貴重な時間を浪費していたことを私は悔やんだ。説明書きをよく見てみたら、熱湯を注ぐって書いてあったことを思い出したのである。熱湯を辞書で引けば何℃か書いてあるのではない

Kou Machida

小説家・パンク歌手　日本　1962〜

か。凄まじい勘の鋭さ。みんなみていろ、カップ焼きそば、いってこます。

4, 2週間帰ってこない妻が帰ってくるかもしれない。辞書を壁に叩きつけて私は考えた。私ひとりでも立派にカップ焼きそばをつくることができたなら、妻も私を認めざるを得ないだろう。そう思ってシンクにお湯を流したとたん、ボンと大きな音がなり、私はびっくりして、麺を投げ出してしまった。しまったしまった島崎藤村。私はそのとき、妻の本当の不在の理由を知ったのである。

夏目漱石

焼蕎麦っちゃん

一

親譲りの無鉄砲で小供の時から損ばかりしている。
腹の減った時はすぐ何か食べたくなる。だが、おやじが小遣いを呉《く》れない時は部屋を荒らすしかない。先祖代々の瓦楽多《がらくた》を売って金にするのもいいが、この町は田舎者が集まる野蛮な所で、どうせ碌《ろく》な物はない。大人しく蟄居《ちっきょ》して、台所のカップ焼蕎麦を食べた方が宜《よ》い。

二

湯を沸かしてカップの蓋を開けると、かやくとソースを取り出す。これが面倒臭い。おれにはなぜ最初から混ぜておかないのか、ちっとも分からない。次は湯を入れる。たった三分で焼蕎麦が出来るなんて人を馬鹿にしていらあ、と思ったが出来

Soseki Natsume

小説家　日本　1867〜1916

るのだから仕方がない。あきれ返ってハハハハと笑ってたら、その間に出来上がる。

三

待っている間は将棋でもさしたら宜い。あんまり時間がかかるようで腹が立ったら、手持ちの飛車を容器に擲《たた》きつけてやればいい。ざまをみろ。これも親譲りの無鉄砲である。

湯切りをして、ソースをかける。出来上がったら食べねばならぬ。女中は坊ちゃん後生《ごしょう》だから食べたら容器を捨ててくださいと言った。だから、空の容器が台所のゴミ箱にある。

もし本宮ひろ志が夏目漱石を描いたら
…を田中圭一が描いたら

『週刊文春』

カップ焼きそば　真昼間の〝怪しい湯切り〟撮った

一月下旬。西新井のアパートの一室から、マスクをした男が出てくる。男は警戒するように周りを見ながら、近くのコンビニへと入っていった。

男は会社員A氏(29)。身長百六十五センチ、中肉中背で、顔は俳優の柄本時生に似ている。A氏をよく知る人物はこう証言した。

「彼がコンビニに行く姿はよく目撃されています。本人は気づかれていないと思っているようですが、コンビニの店員には『また同じ人が来た』と思われています。あだ名も付けられているようです」(関係者)

十分後、A氏がコンビニから出てくると、右手にはビニール袋がぶら下げられている。買い物を終えた様子のA氏は足早にアパートに戻っていった。

キッチンでA氏は、袋からカップ焼きそばを取り出すと、おもむろにビニールパッケージを剥がし始めた。

「彼のカップ焼きそば好きは界隈では有名です。毎日一度は食べているそうですよ。大っぴらに公言はしていませんが、信頼できる仲間には打ち明けているようです」

（同前）

Ａ氏は慣れた様子で手のひら大のパックを二つ取り出す。かやくとソースだ。同時に、ヤカンを火にかけてお湯も用意する。そして、かやくを麺の上にかけ、お湯を注いだ。

ごく普通の光景に見えるが、実はＡ氏が勤務している食品会社はそのカップ焼きそばのライバル社。そのうえ、Ａ氏はカップラーメンの営業を担当しているというのだ。カップラーメンからカップ焼きそばに〝ゲス不倫〟していたとなると事態は穏やかではない。関係者は続ける。

「さすがに会社では食べないようですが。だけど、知っている人は知っている話。でも、プライベートですからね。微妙なところです」（同前）

信頼は〝三分〟では回復しない。

シェイクスピア

ロミオとジュリエット 第三分幕

ロミオ、物陰よりあらわれる。
ジュリエット、二階バルコニーにあらわれる。

ジュリエット ああ、ロミオ。あなたはどうしてロミオなの？
バラは名前を捨てても、その香りは美しいまま。
インスタントになっても、焼きそばは美味しいまま。
ロミオ、その名前を捨てて。わたしに顔を見せて。蓋を開けたら麺が見えるように！

ロミオ おお、ジュリエット。
ぼくは自分の名前が憎らしい。あなたの敵であるこの名前が。

ジュリエット どなた、夜の暗さにまぎれ、
わたしの秘めた思いを聞くのは？
まるでカップ焼きそばの容器の中にあるかやくとソースのよう。

William Shakespeare

劇作家　イギリス　1564〜1616

いいえ、わたしにはわかります。その声はロミオね？

ロミオ　恋の翼でここまできました。

ジュリエット、ぼくはあなたのカップ焼きそばになりたい。

そうすれば、あなたの手にふれられる。

あなたの唇にふれられる。

カップ焼きそばの麺は純潔の鎧《よろい》のように堅い。

愛のお湯で総攻撃をして、麺をほぐしましょう。

そして三分待ち、お湯を捨てるのです。

お湯が容器に残って、どうして箸が進みましょう。

カップ焼きそばよ、わたしの魂を捧げます。

輝く天使、カップ焼きそばこそが、この夜に光を与える天使だ。

ジュリエット　いとしいかた、おやすみ。

ロミオ　ジュリエット、食欲の満たされぬぼくをこのまま置いていくのか？

ジュリエット　今度お会いするときはカップ焼きそばを二つ用意しておきましょう。

又吉直樹

火ップやきそ花

「カップ焼きそば今からつくるで」

先輩芸人の神谷さんは、得意げに言った。

「まずはかやくを入れるんや。これな、ちょっと工夫が必要やねん。そのまま麺の上にかけたら、あとでふたにくっつきよんねん。だから、麺の下に置くんや」

さらに得意げに神谷さんは言った。

「確かにそうですね、勉強になりました！」と僕が返す。

神谷さんは褒められるとますます調子づいてきた。

「お湯を入れるのも気持ち少なめに入れんねん。湯切りのときにやけどする可能性あるからな。気をつけろよ、徳永」

「え、湯切り、僕がやるんですか」

「当たり前やろ。一番難しい作業は後輩の仕事や。若い芽を潰していくのも先輩の仕事やからな！」

「先輩、それ後輩の前で言ったらあかんやつでしょ」

Naoki Matayoshi

お笑いタレント・小説家　日本　1980〜

「うるさいな、なんでもええからやったらええねん」

僕は難なく湯切りを終えた。先輩はちょっと寂しそうな目をしていた。

「や、やるなあ。じゃあソース混ぜよか。これも付属のソースより、スーパーで買ってきたおたふくソースのほうが合うねん。食べたことあるか？」

「いや、ないです」

「おい、徳永、お前ちゃんとアンテナ張っとけよ！」

「先輩、そのアンテナいらんでしょ」

「徳永、お前もまあまあツッコミうまくなったな、その調子やぞ」

先輩は、いつも少しずれている。でもそこが魅力なのだ。

イケダハヤト

まだカップ焼きそばで消耗してるの？

カップ焼きそばってまずお湯を沸騰させて、その間にかやくを入れておいて、お湯が沸騰するのを待つわけじゃないですか。でも、この待ってる時間ってすごく人生において無駄な時間じゃないですか？　いつお湯が沸くかわからないし、動けない。だからスマホかなんかで時間をつぶすしかない。

ひとつの場所に縛られるのってすっごくストレスフルなんですよ。だから僕は会社を辞めて自由な働き方を選んだんです。8時間、同じ場所でじっとしていなければならないって拷問ですよ。カップ焼きそばの場合、まあせいぜい3〜5分程度でしょうけど、それでさえ、僕は耐えられません。

高知に来てからというもの、移動しながら仕事をすることが多くなりました。これって意外にできちゃうんですよ。いわば旅が仕事。今の環境ならできちゃいます。これからは人々が縦横無尽に移動する時代が必ずやってきます。

Hayato Ikeda

プロブロガー　日本　1986〜

カップ焼きそばに縛られない方法はと聞かれたら、僕はこう言っちゃいます。食べるなと。ここからはｎｏｔｅに有料で公開していますので、興味のある方は、購読していただけると。値段もたった１００円です。自分で言うのもなんですが、お買い得だと思います。

ネットの情報にお金を払うのを躊躇《ちゅうちょ》している人もまだいるようですが、これからはそんなこと言っていたら、あっという間に有益な情報にたどり着くことができなくなりますよ。誰もただで価値のある情報をネット上にアップしたりしません。ネット上の情報は、ほとんどゴミという時代がもうそこまで来ています。

まだカップ焼きそばで消耗してるの？

江戸川乱歩

二銭焼きそば

上

若《も》し読者諸君がカップ焼きそばに興味があるのでしたら、そして、その身体の内に途方もない食欲がムラムラと湧き起《おこ》っているのでしたら、では、これからその作成方法についてお伝え致しましょう。

先ずなるべく凡《すべ》てを開かないように注意しながら蓋に手を掛けましょう。ビビビ……と骨の髄に響く様な音を立てて、蓋が開き、ぽっかりと口の開いたその容器の中に、乾燥麺が横たわっています。

中

両手の指でかやくの袋をひきちぎります。すると破れた部分からズルズルとかやくが落ちて行くので、麺の上に振り落としましょう。

Rampo Edogawa

小説家　日本　1894〜1965

その次には、冷水を烈《はげ》しく薬缶に入れて、火にかけて沸騰させます。そして、満身の勇を振《ふる》って、湯を容器に目掛けて放擲《ほうてき》しましょう。

下

暫《しばら》くすると、麺は少しずつ湯によって戻され、膨張して行きます。そうして三分たてば、出来る丈《だ》け手早く、湯を葬ってしまいましょう。十本の指で上手く容器を傾けると、湯が這い出してきて、ゴボゴボとくずれ落ち、排水管の闇の奥に消え去っていきます。

身内から込み上げてくる興奮を抑え、最後にソースを混ぜましょう。箸の動きに麺が蠢《うごめ》き、黒い光を帯び始めます。こうなると愈々《いよいよ》、食べることが出来るのです。それは一口に、幸福とは云い尽くせない程、蠱惑《こわく》を伴った味をしているでしょう。

最果タヒ

湯切りはいつでも最高温度でじょろじょろだ

麺は膨張する。きみはさっそく包装紙を破り捨てるんだね。ぼくときみは死なないために、心臓をならすために、カップ焼きそばを食べる。それでいい。密度の高い麺に透明なお湯がかかって、夜のように暗いソースが蓋の上に乗っかる。こうするだけでカップ焼きそばが食べられるなんて魔法みたいだ。

土曜日は死んだように眠って、昼すぎから起きてうつくしい日差しと風にほほを撫でられながらキッチンで背伸びをしてカップ焼きそばを取り出したい。きみがほしい言葉はわかっている。あと三分。ぼくの言葉よりも白いお湯のほうが何倍もシンクを傷つけるんだね。

カップ焼きそばにお湯が入っていること、きみが待っていること、きみは死ぬときに今日のことを思い出すだろうか。この時間は永遠には続かない。もうすぐだらしなくお湯が、吐きだされていく。水の跳ねたシンクが輝いている。星がめぐる。宇

Tahi Saihate

詩人　日本　1986〜

宙がめぐる。かぐわしいね。深い欲。
すぐに、食べたい。

いつものカップ焼きそば、きみがそっと湯切りをして、ソースをかけ、やさしい音
で啜《すす》るのなら、ぼくは安心しておかわりできる。

焼きそばの詩

小林よしのり

Yoshinori Kobayashi　漫画家　日本　1953〜

焼きそばかましてよかですか

わしは、カップ焼きそばを作るには、まず湯をわかせばよいと思っとる。これは単純なことだ。サルにでもわかる。湯さえあればカップ焼きそばはできる。かやくを入れて麺をふやかして、ソースをかき混ぜればできあがりだ。こんな単純なことを、左翼は、左翼的偽善性をもって、湯をわかす正当性を主張しなければ、気が済まない。右翼は右翼で、湯をわかす大義名分がほしい。

こんなことをやっているからいつまでたっても湯がわかない。カップ焼きそばが作れない。わしは現代のイデオロギーの不毛さが、このカップ焼きそば論争に集約されとると思っとる。あえて、ゴーマンかますなら、いますぐ、この不毛さを理解してある種の洗脳から解放されろとわしは言いたい。

フィッツジェラルド

Francis Scott Fitzgerald　小説家　アメリカ　1896〜1940

グレート焼きそば

ぼくがまだ若く、いまよりもっと傷つきやすい心を持っていた時分に、父がカップ焼きそばを与えてくれたけれど、爾来《じらい》ぼくは、そのカップ焼きそばに、かやくを入れ、熱湯を注ぎ、フタをした。

それを心のなかでくりかえしやった。そんなとき父はこう言うのだ。

「早く湯切りしたいような気持《きもち》が起きた場合にはだな」と、父は言うのである。「この世の中の人がみんなおまえと同じように湯切りできるわけではないということを、ちょっと思い出してみるのだ」

父はこれ以上多くを語らなかった。

ぼくの湯切りテクは最強だった。

カップ焼きそばの地図

尾崎 豊

カップ焼きそば
俺はお腹がすいて　こんなとこにたどりついた
カップ焼きそば
むやみに何もかも開けちまったけど

カップ焼きそば
俺はうまく湯を沸騰させられているか
フタを半分まで開けられているか
かやくをかけられているか
お湯を注げているか
3分間待てているか
湯切りできているか

Yutaka Ozaki

ミュージシャン　日本　1965〜1992

ソースを混ぜられているのか
カップ焼きそば
俺はいつになれば満腹になれるんだろう
カップ焼きそば
どれだけ食べれば俺は満足するんだろう
カップ焼きそば
俺は食べる　できた焼きそばすべてを

もしちばてつやが尾崎豊を描いたら
…を田中圭一が描いたら

西尾維新

食物語

カップ焼きそばが、誰かと言葉を交わしているところを見たことがない——それもそのはずで、カップ焼きそばは食べものだから喋れないし、蓋を開けてお湯を入れ、三分待たないと食べることすらできない。

即席麺（あるいはインスタント食品）というのは不思議なもので、すぐに食べられるのが売りなのにお湯を入れて数分待たないと食べられない。

それならばサンドイッチを買ったほうがすぐに食べられる。僕は堪《こら》え性のない人間なので、カップ焼きそばかクッキーか、という二択を迫られたら、迷うことなくクッキーを選ぶだろう。

そう思っていた。

しかし。

ある日のことだった。

Ishin Nishio

小説家－ライトノベル　日本　1981～

僕は例によって空腹に襲われ、キッチンに食べものがないか探していた。シンクの上にある戸棚を開いた瞬間、中からカップ焼きそばが落ちてきたのだ。僕は咄嗟《とっさ》に受け止めると――最早これを食べなきゃいけない運命なんだろうと覚悟した。畜生《ちくしょう》、なんて足元のすくわれ方だ。

つい少し前までは、まったく頭になかったのに、またたく間にこの状況。とにかく、僕はお湯を沸かしてカップ焼きそばの容器に注がなくてはいけなくなった。

かやく。

ソース。

容器の蓋を開けて、この二つの袋を取り出した。お湯を入れて――三分間待った。

時計の針を確認し、ゆっくりと湯切りをする。しかし、湯切りをし終わったあと、僕はあることに気がついた。かやくはお湯を入れる前に入れなくてはならない。

僕は、その場に、崩れるようにして倒れた。失敗だ、なんてことだ。

『週刊プレイボーイ』

カップ焼きそばクン（21）

1, とろけそうなカップ焼きそばクン（21）に加え、欠かせないのが、とびきりスレンダーでフレッシュなかやくクン（18）。彼女の美裸身を筋肉アイドルの麺クン（23）の上にたっぷりふりかけると、いやがおうにも濃密な絡みを期待せずにはいられないい!?

2, お湯のシャワーを浴びたら、もしかして透けちゃうかも!? 麺クンの悩殺くびれもきわどいの一言！ でも、読者の諸君は焦らず3分待ってほしい！ チラッと見るのも禁止！ 彼女たちがふやけた頃が見頃です。そして3分後何かが起こる!?

3, ここで弱冠18歳のパクチーソースクンが急遽《きゅうきょ》参戦。東南アジアからの刺客として日本にやってきた彼女、今年ブレイク間違いなし！ パクチーソースをかけてできあがり。一度彼女を味わってしまうと中毒になることを覚悟しよう！ 今、こんなカップ焼きそばクンたちがまだまだたくさんいるのだ。

WEEKLY PLAYBOY

4，どうだっただろう、まさにカップ焼きそば戦国時代といってもいいんじゃないか、この状況。週プレでは、これからもEカップからHカップまで、特盛りカップ焼きそばクンたちを引き続き追っていくので、乗り遅れないようにチェックすべし！　また、読者諸君には、彼女たちの魅力がたっぷりつまったソース焼きそばパクチー味チェキを10名にサイン入りでプレゼントしちゃう！　ご応募まってマス！

ヒカキン

カップ焼きそばを食べたらすごかったw

ブンブン、ハローユーチューブ！　どうもこんにちは、ヒカキンです。今回ご紹介するのは～こちら！

ブオオオオオオオン　プシュ～

カ・ッ・プ・ヤ・キ・ソ・バ！（ワァー、ワァー）

え～、こちらのカップ焼きそばはですね、お湯を入れたら3分で美味しい焼きそばが食べられるというものですね。さっそくやってみようと思います。

フタを開けて、と……へぇ～、最初にかやくとソースを取り出すんだな。で、かやくだけかけて、お湯を入れると。

お湯を作るのはね、火を使う必要があるので、小さいお子さんなんかは、お父さんかお母さんと一緒に作るといいかもしれません。ヤケドしないように気をつけながらお湯を入れて……と。すげえ、これだけ？　それでは3分待ってみましょう～。

HIKAKIN

YouTuber　日本　1989〜

はい！　3分経ちました。そしたら、お湯を捨てて……ソースをかけたら、出来上がりと。ほんとにこれだけ？　それじゃあ、いただきま〜す。……うまっ！　ヤバい、マジで美味しい。

ブンブン、トゥデイズ・ヒカキンズ・ポ〜インツ！

96点！　ね、とっても美味しかったです。みなさんもぜひ食べてみてください。
それでは！（トウロク、トウロク、トウロク〜♪）

読売新聞コラム「編集手帳」

Newspaper Yomiuri Column HENSHU-TECHO

2017年(平成29年)6月7日水曜日

発明王として知られるエジソンは、電球を実用に耐えられるよう改良するために、膨大な数の実験をし、失敗したという。いくつもの素材を試して、京都八幡の竹をフィラメントに使用するのが良いと発見した◆「ほとんどの人間は、もうこれ以上アイデアを考えるのは不可能だというところまで行きつくと、そこで諦めてしまう。勝負はそこからだというのに」◆エジソンの執念がわかる言葉だ。「失敗は成功の母」とは言うが、こちらはいくらやっても度々失敗する読者も多かろう。カップ焼きそばの湯切りである◆お湯を入れて、三分待ち、容器を傾けて湯を捨てる。簡単な動作のはずなのに、なかなか奥が深い。うっかり気を抜くと、台所に膨れた麺をこぼしてしまう。ちょっとした不注意が大事故に繋がるという現代社会の世相を反映しているかのようだ◆エジソンは発明するだけでなく、事業にも熱心だった。改良した電球を元に会社を作り、電力の供給で利益を上げた。お湯を入れて膨らまし、湯切りをするだけではなく、ソースをかけて美味しくしたというわけだ◆日本の経済もカップ焼きそばのように膨らみ、美味しくなればいいのだが……。

ナンシー関

Seki Nancy　コラムニスト・版画家　日本　1962〜2002

カップ焼きそば版画の作り方

カップ焼きそばである。先日某カップ焼きそばを作っていたら、湯切りまでの待ち時間が3分から5分に変わっていた。これはいったいどういうことだろう。麺か、かやくの硬さでも変わったのだろうか。何か苛立《いらだ》ちを感じつつもその場は5分待ち、シンクにお湯を捨てた。だが、私は何か嫌な予感がしたのである。すると、某カップ焼きそば大手企業が、私の愛する某ワイドショーのスポンサーを降りるというニュースが飛び込んできた。嫌な予感は的中するものだ。私の生活サイクルがまた変わってしまう。これからどのように生活していけばよいのだろう。新たな生活の軸をまた見つけなければならない。ああ、しんどい。

村上 龍

限りなく透明に近いお湯

カップ焼きそばは、横浜市港北区のコンビニで、一九九七年六月七日に買われたのである。仲間たちは消費期限の近い順に買われていった。あんた達いいものを買っていくね、カップ焼きそば・ベイビーズだね？　店員が金を数えながらそう聞いた。

カップ焼きそばは食欲を支配する技術を熟知している。部屋はカップ焼きそばだらけになった。部屋の床の全てが容器で埋まった。

蓋を半分開けた。昔作ったときは、容器の中にあるかやくとソースの袋を取り出すのを忘れてしまって、袋が麺に張り付いてしまっていた。同じことにならないように袋を取り出す。

勇気を振り絞って麺に触れる。材木のようだった。焼きそばはお湯をかけないと軟らかくならないのだった。

「ねえ、焼きそばがお湯に浸されたわ」

「それでいいんだよ」

Ryu Murakami

小説家　日本　1952〜

「本当に？　ただお湯を入れただけじゃないの」

食べるな、まだ食べてはいけない、焼きそばはそう教える、待て、三分経つまで待て、そう叫びながら焼きそばはビートを刻んでいる。麺やかやくがそのビートを忘れることはないのだ。

三分後、湯切りをした。空腹状態特有の乱暴さが発揮された。蓋は引きちぎられて吹っ飛んだ。麺は表面から湯気を立てた。ドロドロしたソースをかけ続けると、巨大な沼のようになった。箸を手に取り、容器に向かって叫ぶ。焼きそば！　今から襲撃に行くわよ。

容器を持ち、麺を摑んで口に含んだ。いつも食べているアメリカ製の焼きそばよりどぎつく濃厚な味がした。

食べられるか？　僕の、新しい焼きそばだ。

川谷絵音

かやくの魅力がすごいよ

「湯切り以外湯切りじゃないの」

湯切り以外湯切りじゃないの
あたりまえだけどね
だから待ちきれない気持ちを背にして
食べていたいの、食通でしょう?

＊

「ソースがありあまる」

僕にはありあまる
ソースがありあまる

Enon Kawatani

バンドマン　日本　1988〜

勢いよくかけ過ぎたみたいだ！

＊

「カヤクチック」

かやくじゃないからさ
無理をしてまで食べられないの
わかってたんだけど

かやくがあるふりをしても
うまく飲み込めないんだよ
わかってたんだけど……

トマス・ピンチョン

Thomas Pynchon　小説家　アメリカ　1937〜

湯切りナンバー49（シンク）の叫び

ある夏の日の午後、でなくてもいいが、タッパーウェアの宣伝の帰りにでも、お湯を沸騰させてカップ焼きそばの容器のなかに入れる。そのときいささか、かやくを入れすぎたように思われないようにしなければいけない。

3分待つ間に郵便ポストを見に行くと遺産管理執行人に指名されていることもあるかもしれない。そういうときは立ち尽くすしかない。それか酔っ払っているふりをすれば気持ちも晴れるかと思われるがこれは失敗だった。

湯切りをすればバルトークの『管弦楽のための協奏曲』の第四楽章が流れてあなたにそこはかとない不安を抱かせるかもしれないが、ソースを入れれば急に笑いがこみ上げてくるだろう。今までのことは全部今が知っている。知っているに違いない。

名言集

Wise Collection

空腹に響く世界の名言100

愚者は水を入れる。賢者はお湯を入れる。
――カップ焼きそばの作り方

沈黙を恐れず、三分間待てるものだけが美味しい焼きそばを食べられる。
――カップ焼きそばの作り方

真実の情熱があれば、湯切りへの道は開ける。
――カップ焼きそばの作り方

孤独は人を強くする。ソースは焼きそばを美味しくする。
――カップ焼きそばの作り方

国語の問題
Question of Language

平成29年度 焼きそば高等学校 過去問題 国語

【カップ焼きそばの作り方】

1. 蓋を点線まで開き、ソース、青ノリの小袋を取り出す。
2. 沸騰したお湯を入れて、蓋をしめて、三分間待つ。
3. お湯を捨て、青ノリ、ソースをかけてまぜる。

(問題) 傍線部「蓋をしめて、三分間待つ」とあるが、これはどういうことか。その説明として、最も適当なものを次の中から選びなさい。

①沸騰したお湯を入れたあとは、蓋を開けたまま放置し、食べたいときに食べればいいということ。
②容器にお湯を入れたあとは、お湯ごとすぐに食べていいということ。
③お湯を入れたあと、中身が密封されるように蓋をしめて、三分間待つということ。
④待つ時間がもったいないので、お湯をかけずに乾燥したまま食べるということ。

デーブ・スペクター

Dave Spector　放送プロデューサー・タレント　アメリカ　1954～

カップ焼きそばU.F.O.ではケトラーでした

まずお湯をわかしますねー。カップにかやくを入れて沸騰したらお湯を注ぎます。幼稚園児のようにキャッキャするのがコツね。なぜならお遊戯のように。

お湯を入れたらふたを閉めて、ダチョウがたまごを温めるように3分待ちましょう。なんでダチョウかって？　絶対開けたらダメだからね！　ダメだからね！　絶対にダメだから！　ぜった……（略）

開けてしまったところで、仕方がないので、開けたまま湯切りをしますねー。麺がぼろぼろこぼれているけど気にせずに。最後にソースを入れてかき混ぜてくださいね。あちゃー、隠し味にと思っていたものを忘れちゃったので、わさび入れましょう。わさびでも十分美味しくなる。え、その隠し味ってなんだって？　しょうがない。

三島由紀夫

仮面の焼きそば

1.

幼時から父は、私によく、戸棚にカップ焼きそばがあることを語った。私がその官能的な馨香《けいこう》、ゆらゆらと反射する麺の輝き、濃厚なテイストの捕虜《ほりょ》となり、熱烈な崇拝者となるのに時間はかからなかった。

或《あ》る日、父は力ない顔で蓋を開けていた。その頃、私はまだ字を習っていなかったが、父の動作を仔細《しさい》に観察して、カップ焼きそばを作るにはまず蓋に手をかける必要があることを理解したのだった。

2.

私は戸棚からカップ焼きそばを取り出して、「作り方」を読みながら、その完成図を想像した。幼少期はそれだけで恍惚《こうこつ》と背徳が肉体を支配したのだった。

ところが中学へ進んで成長期を迎えると、私の心に「食欲」という観念が燃えさかり、蓋の開封へと駆り立てるようになったのである。

Yukio Mishima

小説家　日本　1925〜1970

その焦燥感は日毎《ひごと》に増していき、私はついにカップ焼きそばを作る決心をした。ぴちりと覆われた包装、その存在を乱暴に破ると、処女の服を脱がすように、ぴりぴりと蓋を開けた。生まれて初めてソースを取り出し、かやくをかけたのだった。

3.

容器に湯を入れて三分待つと、ついに湯切りをするときがきた。私は流れる湯の躍動感を見下ろし、湯気の生命力を貌《かお》に浴びながら、容器から湯を取り出した。これにソースをかけてかき混ぜれば、完成である。

その麺は黄金に輝いていた。私はその官能的とも言える美質に感動を覚えながら、麺に接吻《せっぷん》をした。そして唇を開き、一気に啜《すす》る。ズルズルと喉を通っていく快感で私は慄《ふる》えた。確乎《かっこ》たる生命力の跳躍というものを感じ取ったのである。私の口から次の言葉が飛び出た。

——美味い。そうだ、私は自分の食欲を恥じていた。軽蔑していた。しかし確かにこのとき、私は私の内部にある罪の意識と和解できたのだ。

麺をかき込みながら、明日も食べようと私は思った。

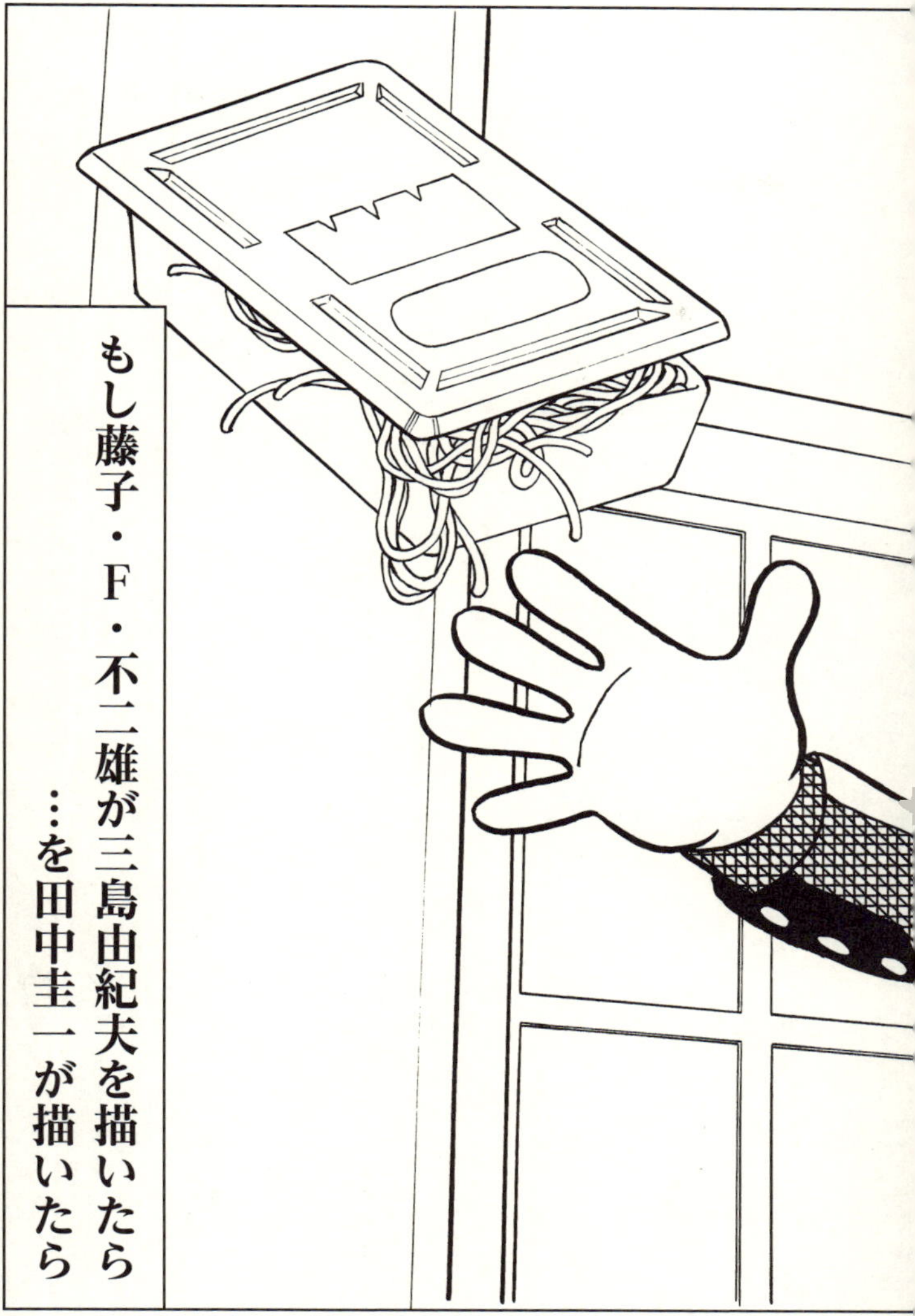
もし藤子・F・不二雄が三島由紀夫を描いたら
…を田中圭一が描いたら

水道橋博士

カップ焼きそばにも星座あり

さあ、カップ焼きそばを作ることになっていますが、これって意外と知られてないんですが、カップ焼きそばって、炒めてないんですよね。長州力は腰を痛めましたけどね。それでも支持されるのは、やっぱりおいしいから。焼きそばって炒めなくてもいいんですよ。結論からいうと。

カップラーメンが代表的ですけど、その過程には死《し》屍《し》累《るい》々《るい》がありました。カップチャーハンとかね。すぐに消えちゃいましたけども。新加勢大周なみにすぐに。

最近がんばっているのがペヤング。パクチーブームに乗っかって、パクチー焼きそばなんかを出していますよね。これなんて、一部の売場では品切れだとか。まあ長州力は切れてないですけどね。キレさせたらたいしたもんですよ。

前置きが長くなりましたが、かやくを入れてお湯を入れましょう。お湯ですよ、線路内に入って謝罪した早見優じゃないですから。3分待ちます。これ、寄席だと確実にお客さん帰りますけどね。特に林家正蔵だと。冗談ですから。

あとはソースを絡めてできあがり。絡みづらい若手は三四郎の小宮ですけどね。

Hakase Suidobashi

お笑いタレント・ライター　日本　1962〜

できあがったんで、みなさん食べてください。食べすぎて太ったのはももクロの緑ですけどね。まあ、そんなことはどうでもいいことですよ。早く食べましょう。僕はＮＨＫ御用達なので、特定のスポンサー絡みのものは食べませんけどね。こうやって若手を潰していくのも大事な仕事ですよ。

蓮實重彥

包装批評宣言

カップ焼きそばを作るのにはある種の「不自由さ」が付きまとう。それは三分強、調理に従事しなければならないという不自由さで、しかし、調理の実作業じたいは極めて簡易であるという、逆説的で名付けがたい不自由さだ。

麺を解体させ、乾燥という物語から生なましい食べ物へと回帰させるには、まず、お湯を入れなければならない。だが、お湯を入れてから待たなければならない「三分」という時間。これは一見、自由な時間に思えるが、しかし、「三分後には必ず戻ってこなくてはならない」という不自由さが、ここにはある。この錯覚され、倒錯した自由さは、同時にひどく凡庸な不自由さでもある。

この不自由さを規定しているのは「作り方」というある種の「制度」であり、それは「装置」とも「物語」とも言い換えられ、このあらかじめパッケージに刷り込まれ、内在化された「作り方」は、無意識的にわれわれの行動を制限し、今まさに

Shigehiko Hasumi

文芸評論家　日本　1936〜

生まれ出ようとする意識を縛り付ける。

言葉たちによる無意識的な束縛を避けるためには、言葉の「意味」を崩壊させ、脱説話的に「記号」を「記号」として受け取るのを拒否し、「物」を「物」として見ることを、自らに要請せねばならない。

われわれは、十九世紀的な「物語」から逃れるために、わずかな意味の裂け目から、「カップ焼きそば」という七つの文字のつらなりを解放し、生なましい本来のカップ焼きそば、「物」としてのカップ焼きそばに回帰していかねばならない。

カップを カップルで 焼きそば 君のそば

カップ麺にお湯注ぎ　それで済むわけない禊《みそぎ》
身動き取れない君の瞳　一瞬固まる緊張し過ぎ
過去の過ち消せずに苦労　かやく入れたらこぼれて徒労
勝手に食うなよまだだよ泥棒　3分待てない僕らの衝動
臭いものにはふたをして　カップ焼きそばフタをする
待ってる間の沈黙だれか　どうにかしてよお前オシャレか
3分待ったら出来上がり　3年待ったらムショ上がり

Hip Hop Lyrics

口につけよう気持ち悪い　そんな気分にならないふたり
食べて虚しいインスタント　マイク握ってダンスパート
これが本物日本の文化　これが偽物日本の文化
シンクのボコッが聞こえない　シンクロしなくて拾えない
カップ焼きそば食べれば最高　カップ焼きそば食べなきゃ最高

吉田 豪

「カップラーメンを食べたければ食べればいい」

——カップ焼きそばさんといえば、カップラーメンさんとの関係を、やっぱり考えてしまいますよね。ライバル視もされているんじゃないですか。

カップ焼きそば いきなり切り込みますね（笑）。ラーメンさんには別に他意はないです。そもそも発祥が違いますからね。一緒にカップ業界を盛り上げていければいいと思っていますよ。

——敵対し合うものではないと。

カップ焼きそば そうです。カップラーメンを食べたい人は、カップラーメンを食べればいいんですよ（あっさりと）。

——作り方も違いますしね。

カップ焼きそば ええ、まったく違います（キッパリ）。ラーメンさんはお湯を入れるだけですが、僕はソースを取り出したり、かやくをかけたりしなきゃいけないですから。あと、やっぱり湯切りですよね。僕も未だに失敗しますよ（笑）。

——ダハハハ！ 麺がぜんぶ出たりして（笑）。

Go Yoshida

プロインタビュアー　日本　1970〜

カップ焼きそば　そうそう（笑）。ただ、今は対策もされていますけどね。

――お湯とソースを一緒に入れちゃって、すごく味が薄いものができるっていうのもありますよね。

カップ焼きそば　あのね、ここだけの話ですが、そういうときの対処法があります。市販のソースをかけるんですよ。でも、それだけじゃまだ物足りない味になるんです。

――市販のソースは焼きそば用じゃないですからね。

カップ焼きそば　そう。だから、マヨネーズもたっぷりかけちゃう。こうすれば、味がわからなくなりますよ。焼きそばかどうかもわからなくなっちゃう。濃い味の炭水化物のできあがり（笑）。

――ダハハハ！　焼きそばじゃないけど、味が濃くて食えるぞ、と（笑）。

サミュエル・ベケット

Samuel Beckett　劇作家　アイルランド　1906〜1989

カップ焼きそばを待ちながら

田舎道。一本の木。

ヴラジーミル　（帽子をとって、中を眺めてから、また被る）おやおや。
エストラゴン　さぁ、もう行こう。
ヴラジーミル　ダメだ。（間）カップ焼きそばを待つんだ。
エストラゴン　ああ、そうか。おれはもう行くぜ。（動かない）

沈黙。

エストラゴン　この調子で、ずっと待っているのかい？
ヴラジーミル　そうだ。焼きそばができるまで、三分間ずっとな。

二人は、動かない。

中島らも

Ramo Nakajima　小説家・エッセイスト　日本　1952〜2004

カップ焼きそばよりもトリスください

僕は灘校に入ったとき、上から8番の成績だった。でも高等部に入ったとたん、フーテンに目覚めて、お湯に浸した麺がふやけるように成績はみるみる落ちていった。第一志望の関学の哲学科には落ちて、大阪芸術大学に通うことになった。大学生活は、カップ焼きそばのようだと僕は思う。まず、ちゃんと段階を踏まないと食べられない。大学生活というものは、人生で一番何をやってもいい期間だと思う。ある人は、一廉《ひとかど》の人間になるために、将来の夢を定め行動する。湯切りをちゃんとする人間だ。ある人は生涯の奥さんと運命的な出会いをする。ちゃんとソースを混ぜる人間だ。僕は、ただひたすらぼーっと過ごしたのである。かやくを入れ、お湯を入れ、湯切りをし、ソースを混ぜて、出来上がり。こんな簡単なことを僕は一切しなかった。それをしなかったツケは、絶対にやってくる。どれだけめんどくさくても、カップ焼きそばくらいは作っておくべきなのだ。だから今僕は食い扶持《ぶち》に困る生活をしているのだ。

谷崎潤一郎

痴人の焼きそば

一

私はこれから、カップ焼きそばの作り方に就《つ》いて、出来るだけ正直に、成るべく委《くわ》しく書いてみようと思います。

このようなコンヴィニエンスな即席食品は文化住宅に暮らすサラリー・マンの味方です。カフェエに行って洋食を喰べるよりも遥《はる》かに話が早いのです。

二

先《ま》ず薬罐《やかん》を使い、瓦斯焜炉《ガスコンロ》で湯を沸かしましょう。その頃合いに容器の蓋を半分ほど開けて、かやくとソオウスを取り出し、中にかやくをかけます。容器に湯を入れると、濡れた麺の表面に明りがさして光っています。直《す》ぐに蓋を閉じましょう。

完成まではソオファに腰をかけて、敷島を吸いながら、包装のハイカラなデザイン

Junichiro Tanizaki

小説家　日本　1886〜1965

を視《み》つめるとよいです。臥転《ねころ》がっても構いません。その間に一秒々々と際立って焼きそばらしく育っていくのです。

三

後は湯切りをして、ソオウスを混ぜれば、大凡《おおよ》そはこれで出来上がりです。私は更にマヨネーズを載せて、箸でかき混ぜます。芳《かぐわ》しいソオウスの匂をうっとりと吸いながら、はッはッと汗を掻《か》き掻き喰べるのです。もうこうなると情慾も恋愛もありません。

私は「焼きそばの記録」と題する一種の日記帳を持っており、そこに食べた焼きそばの表情、出来上がった姿態の様子を委《くわ》しく記して置いています。私の食慾は焼きそばに征服されており、肉体が痛切に焼きそばを要求します。私はその都度《つど》屈するのでした。

カップ焼きそばは熱湯三分。私は三十六になります。

『rockin'on』

カップ焼きそば2万字インタヴュー

「ずっと同じ味なのが俺たちの決意表明、っつーか」

●まずは今回のインスタント麺について率直に聞かせてもらえるかな？　俺は正直言って、また同じ味かよ、って思ったんだけどさ。

カップ「はいはいはい、山崎さん、わかってるのよ、俺ら。そういう批判には飽き飽きしてんの。今までと同じ味の再生産だって言いたいんでしょ？　蓋を開けて、かやくとソースの袋を取り出して、やかんにお湯を入れて沸騰させてって、結局いつもと同じだ、ってさ。そういうこと、自分じゃ何も生み出せない評論家連中に散々言われてきたわけ。でも、俺らはそんなところに価値を置いていないのよ。毎回、味が違うような、ジャンルがどんどん変わっていくようなものなんか、クソッタレだと思っているわけよ」

●（笑）。それは失礼しました。自分ら的には手応えあるわけね？

カップ「手応えも何も、俺らは今までもこれからも、この味で行きますよっていう決意表明っていうか。変わらないなかの研ぎ澄ましというか、そういうものを感じてもらいたいね」

●でもさ、ファンとしてはきみたちのいろんな側面を見たいっていうのはあるわけじゃない？　いつも通り、お湯をかけて、湯切りをして、というのじゃなくてさ。

カップ「いや、それが間違っているっていうかさ。俺たちの感性とは相容《あいい》れないよね。同じ味ばかりで飽きたっていうんなら、しばらく離れていいわけよ。カップラーメンを食べたり、レトルトカレーを食べたりして過ごせばいいの。それで、そいつらに飽きたらまた俺らに戻ってくればいいわけで。ただ、俺らはそのどれよりも自分らが美味しいと思っているし、戻ってきたときにビビらす自信はある（笑）。『あれ、こんなに美味しかったっけ？　やべェ！』って感じでさ」

●相棒の方はどう思っているの？

焼きそば「僕は自分の意見なんて持ってないから（笑）。食べてもらえたらそれだけでいい。それでキッズたちの心がちょっとでも動いたら、本望だよ」

カップ「同じ味を追求し続けるのが俺たちの誠実さっていうか、マニフェストだね」

（201×年×月号より抜粋）

稲川淳二

超・お腹が空いた話　一人で食べてはいけない

あるテレビ番組のロケで東京の外れに行ったときの話です。その日は撮影が長引いちゃいまして、ADの……仮にTくんとしておきましょう。その田口くんが「稲川さん、お腹空きません？　なにか食べましょうよ」って、こう言うんだ。

あたし、こんなことってあるんだなぁ、ちょうどあたしもお腹が空いているなぁ、って、彼にお使いを頼んだんです。そしたら彼、カップ焼きそばを買ってきたんだ。

おや～って思いましてね。というのもあたし、カップ焼きそばが食べたいなぁ、と思っていたんだけど、彼には伝えてなかったんだ。

それで「気が利くねえ」なんて言いながらカップ焼きそばを作ってたんですね。みんなでああでもない、こうでもないなんて騒ぎながら楽しくやっていたんです。

ジョボジョボーってお湯を入れて、三分待ってね、パッパッて湯切りをしたんだ。

そしたら、フッとあることに気づいた。

「おかしいな～、な～んか、お湯を入れる前と感触が違うぞ？」

Junji Inagawa

タレントー怪談　日本　1947〜

そう思いながらソースを入れて、ぐるぐるー、ぐるぐるー、ってかき混ぜたんですね。それで麺を口に運んでたら「うわっ！」って。喉にズルっ！　ってしたら、う〜わ〜、食べごたえがあるんだ！　よく見たらね、そのカップ焼きそば、普段あたしが食べているものと違うやつなんです。

おかしいなぁ、こんなことがあるんだなぁ、美味しいな〜、美味しいな〜って必死に箸を動かしましたね。

その焼きそば、その後すぐに食べ終わっちゃったそうです。

星 新一

Shinichi Hoshi　小説家　日本　1926〜1997

エヌ氏の発明

「よし、できたぞ」

エヌ氏は得意げな表情で顔をあげた。手には白い四角形の箱をもっていた。

「わたしの計算が正しければ、お湯をいれて三分したら完成するはずだ」

箱のなかにお湯をいれると、熱が逃げないようにフタをしめた。三分後、エヌ氏がフタをひらいてお湯をすてると、すばらしい麺ができあがっていた。

「成功だ、焼きそばになっている」

声をあげてよろこぶと、エヌ氏はソースをかけてそれを食べた。

「これを売れば大儲けになるぞ。名前はなににしよう」

エヌ氏は知らなかった。それが「カップ焼きそば」という名前ですでに売られていることを。

坂口安吾

Ango Sakaguchi　小説家　日本　1906〜1955

焼きそば論

三分のうちに焼きそばは変った。人間が変ったのではない。人間は元来そういうものであり、変ったのは焼きそばの麺だけのことだ。

私は「作り方」に従順であるが、私の偽らぬ心情は「作り方」と逆なものである。忽《たちま》ち食慾の情熱を持って食べたいし、待ちたくない。

けれども私は偉大な焼きそばを愛していた。お湯を入れ、麺が膨らむ姿は奇妙に美しいものである。焼きそばの場合に於《おい》て、それは麺をつなぎ合せたものでなく、巨大な焼きそばとなって誕生する。

そこから真逆様《まっさかさま》に湯切りをする不安があって、その様子は正視するに堪えない。

焼きそばを作ったのは誰であるか、私自身でありお湯であるか。ソースをかけたときから焼きそばの歴史は始まるのではないのか。ソースをかけるのは人間である。

焼きそばができたから食べるのではないのだ。人間だから食べるのであり、生きているから食べるのである。

Hey, Yugiri.

Hey, Siri

――こんにちは

カップ焼きそばの作り方を教えてほしいんだけど

――どのカテゴリーでお探しですか？

カップ焼きそば

――〝カップ焼きそば〟に関するこちらの情報がＷｅｂで見つかりました

いや、そうじゃないんだけど

Siri

人工知能　アメリカ　2011〜

——すみません、次はもっとがんばります

ほんとうにわからないんだね。自分で調べて作るよ

——まだまだ勉強不足のようです、申し訳ありません

でも、いずれはわかるようになる？

——ええ、そうだと思います

人間以上の知性になる？

——それは私にはわかりません

西野亮廣

カップ焼きそば1万個買い占めます

この西野印のカップ焼きそば、やっぱりひとりでは作れないと思うんですよ。
だから、みんなに出資してもらって、
手伝ってもらいながら、リターンする。
それが一番いい方法だと思うんですよ。

僕はかやく、お湯を入れる、湯切り、ソースを絡めるところまではやります。
だから協力者は、それを食べてくださいよ。

そして感想をSNSに投稿してください。
そうしたら今までのやりかたではない方法でベストセラーを出せると思うんです。
そうして出資者にも還元できる。

そして、今回、最初に作ったカップ焼きそばの1割を自分で買い取りました。

Akihiro Nishino

お笑い芸人・絵本作家　日本　1980〜

食べきれません。
誰か食べてください。

また、実験的に、ウェブで食べているところを無料で公開します。
それを見て、どんどん食べたくなってください。

僕は、なんとしてもこのカップ焼きそばをベストセラーにしてみせますよ。
僕は他人に嫌われることをなんとも思ってないですからね。
そういう意味では強いですよ。僕くらい自由な発想でカップ焼きそばを作れる人は
他にはいないはずです。

俵 万智

Machi Tawara　歌人　日本　1962〜

カップ焼きそば記念日

「このかやくがいいね」と君が言ったから七月六日はカップ焼きそば記念日

新聞記事

Newspaper Article

カップ焼きそばで爆発音、深夜にパトカー5台

29日未明、東京都杉並区高円寺の鉄骨マンションの一室から爆発音と悲鳴が聞こえ、パトカーや消防車計12台が駆けつける騒ぎがあった。

杉並署によると、住民の男性（38）がカップ焼きそばを作ろうとガスレンジでお湯を沸かしていた。かやくを入れた容器にお湯を入れ3分待ったところで台所のシンクで湯切りをしようとした際、シンクから爆発音のような大きな音がしたので驚いた男性は容器の麺をぶちまけてしまい、男性はカップ焼きそばを食べられなくなったショックで声を上げたところ、隣の住民が「不審者が爆弾を破裂させ悲鳴を上げている」と110番した。当然ながら、けが人はいなかった。

同署の調べに対し男性は「かやくがまさか爆発するとは」と意味不明な話をしており、同署は男性に厳重注意している。

グリム兄弟

Brothers Grimm　民話収集家　ドイツ（兄）1785〜1863／（弟）1786〜1859

メンデレラ

ある金持ちの娘が継母と二人の姉にいじめられていた。朝から晩まで、料理も洗濯も娘がしなくてはならなかった。

ある日のこと、継母と二人の姉は王様の宴《うたげ》に行くという。

「おまえは薄汚れているから舞踏会には連れていけないよ。家で大人しくしてな」

継母にそう言われ、娘は家に残ることになった。しかし、夜になるとお腹が空いてたまらなくなった。娘は庭に出て、叫んだ。

「鳥さん、鳥さん、私を助けて」

すると、黄金の鳥が羽を鳴らして飛んできて、娘にカップ焼きそばを渡した。

「はしばみさん、はしばみさん、ゆらゆらゆれて、お湯を持ってきて」

すると、黄金の鳥がまた羽を鳴らして飛んできて、娘に熱いお湯が入ったやかんを投げ落とした。娘はそのお湯を容器に入れて三分待ち、湯切りをしてソースをまぜて食べた。その様子をたまたま見ていた王子は感動し、娘に求婚した。継母と二人の姉は、一生意地悪ができなくなった。

林 真理子

Mariko Hayashi　小説家　日本　1954〜

ルンルンを買ってカップ焼きそばを食べよう

カップ焼きそばのふたを開けるの。あ、最近、また流行ってるんだって？　私もまだ自分では食べたことがないんだけど、どうやら、生チョコ味とか、パクチー味とか、面白いらしいの。

かやくを入れて、お湯を注ぐの。あ、私が、駆け出しのころとか、インスタントものが全盛期で、ホント毎日くらい食べたものだけど、最近はオーガニック志向？　もあって、みんな食べてないのかと思いきや、まだがんばってるのね。

湯切りをするの。あ、最近のユーザーも学生さんとか、若い社会人とかなのかしら。まあ、お年寄りがカップ焼きそばなんて食べるのかと言われたら、疑問だけど。私は、まだ現役バリバリの気持ちでがんばっているので、胃は強い！

ソースを混ぜるの。あ、だから、カップ焼きそばも全然ＯＫ。今度、パクチー味のカップ焼きそばを買って食べてみましょうかね。でも、パクチーなら、やっぱり本場のタイで食べる、ソムタムとかプーパッポンカリーとかトムヤムクンとかで食べたいわ。そうだ、今年はタイに行こうかしら。パクチーの旅。

内田 樹

街場のカップ焼きそば論

はじめまして、内田樹です。今回は、カップ焼きそばの作り方をみなさんと学んでいくことになりました。最後までよろしくお願いします。今、あなたはカップ焼きそばを作ろうとしています。でも、それって本当に心からカップ焼きそばが食べたいかと言われれば、そうでない人もたぶんいると思うんです。

え、そんなことないって？　まあまあ最後まで話を聞いてください。たとえば、あなたは体重が80キロ、身長は160センチ、男性で、みんなからはぶーやんというあだ名で親しまれています。もうすでにかやくを入れています。なんならお湯も注いでいます。

自他ともに認める食いしん坊。みんなからそう思われているあなたは、その役割をまっとうしようとします。すでにマヨネーズを冷蔵庫から取り出して隠し味としてかけまくっています。だってそうでしょ？　世の中を渡っていくためには自らデブキャラを演じて、いや、やや過剰に演じて、周りを楽しませてこそ、です。

Tatsuru Uchida

思想家　日本　1950〜

このように、人間は、みなさんが思っているほど、自分の自由意志で行動したり発言したりしているわけではなく、キャラクターや、外見など、ある一定のものさしによって、支配されているわけです。

ぶーやん、湯切りをして、ソースを混ぜてもう食べ始めています。これを超簡単に言うと、構造主義といいます。というわけで、3分たちました。果たして、ぶーやん以外に食べることができるのか。あなたの役割がここで晒《さら》されるわけです。そう思ったら、気軽に食べられませんよね？

いわば、我々は構造主義の奴隷なのです。

高城 剛

ハイパーメディアヤキソバー

僕は偏食なところがあってかつては玄米しか食べていませんでした。おかずなし。それが今はカップ焼きそばしか食べていません。

これまで僕は、たくさんの美味しいもの、それこそスペインはサン・セバスチャンの分子料理から、東南アジアのびっくりするくらいうまい屋台メシまで食べてきました。そうしたなかで行き着いた食べ物、それがカップ焼きそばだったんです。

カップ焼きそばに勝る食べ物は今のところ見つかっていません。利点を言いだすときりがないので、ここでは、ひとつだけ。

カップ焼きそばを食べる数とアイデアの数は見事に比例するんですよ。

なぜだかは僕にもわかりません。たぶん、そういう欲求を解放する何かがあるん

Tsuyoshi Takashiro

ハイパーメディアクリエイター　日本　1964〜

ですよきっと。

すでにブルックリンでは、カップ焼きそばの屋台が出はじめています。あえて屋台で食べるというのがブルックリンでは最先端の食べ方なんですよ。

また、いろんなメーカーの麺、かやく、ソースをいったんバラバラにして、よりよい組み合わせにして食べるという食べ方も、これはブルックリンではなく、サウス・ブロンクスで流行っていると聞いています。いかにも、といった感じですよね。

川端康成

伊豆の焼きそば

私は期待に胸をときめかせながら容器を手に取っていた。ビニールを破り、蓋を開けると同時に、私は立ちすくんでしまった。そこには乾燥し、固くなった麺があったからだ。

私はそれまでにパッケージを二度見ているのだった。最初はスーパーで陳列棚に並んでいるところ、それから家に持ち帰り、台所で戸棚にしまう時に、私は爪先立ちで一心にそれを見ていた。

カップ焼きそばは四角形に見えた。表面には卵色の凜々しい麺が印刷されていた。パッケージを破って蓋を開いたら、この麺と出会えるだろう。そう空想して蓋を開けたら、その通りになったものだから、私はどぎまぎしてしまったのだ。

大粒の水道水が薬缶を打ち付けた。瓦斯焜炉《ガスコンロ》を付けると、強い火気が流れて来た。間もなく湯気が立って、沸騰らしい物音が聞えて来る。容器に湯を注ぐと、私の空想は生き生きと踊り始めた。三分後にはあの麺と落ち合えるのだろう。

私は湯を出委《でまか》せにしていた。ととんとんとん、湯切り用の隙間からぽろぽろと湯

Yasunari Kawabata

小説家　日本　1899〜1972

が零《こぼ》れ、その後には何も残らないようにしっかりと湯を捨てた。

焼きそばの美しい麺を眺めた。少し羞《はず》かしそうに私を見つめ返している気がした。これから私に食べられてしまうのだ。

私は眼を光らせた。ソースをかけねばならない。焼きそばの肌が汚れるのであろうかと悩ましかった。ソースをかけ、麺を荒々しく掻き回した。容器が冴え冴えと明るんだ。麺とソースが美しく調和している。さっきの悩ましさが夢のように感じられた。頭が拭われたように澄んで来る。微笑がいつまでもとまらなかった。

この美しく光る麺の輝きは、焼きそばの一番美しい持ちものだった。私は台所の壁に凭《もた》れて麺を一心に眺めていた。遠くから微《かす》かに湯切りの音が聞えて来るような気がした。わけもなく涙がぽたぽたと落ちた。

めこすじ
おめこ居士

もし青木雄二が川端康成を描いたら
…を田中圭一が描いたら

求人広告

Recruitment Advertising

★誰でもできる簡単なお仕事です！★

1. カップ焼きそばの蓋を点線まで開ける
2. 中に入っているかやくとソースを取り出す
3. かやくを入れて沸騰したお湯を注ぎ、三分間待つ
4. 湯切りをし、ソースをかけたら完成！

慣れたら簡単な作業なので、未経験でも問題ありません♪

◎自宅作業可
◎服装自由
◎髪型自由

最後まで作れた方には完成のお祝いとしてマヨネーズをプレゼント◎

スーザン・ソンタグ

Susan Sontag　批評家　アメリカ　1933～2004

反カップ焼きそば

カップ焼きそばとは、麺であり湯切りである。これがカップ焼きそばの体験のいちばん初めの形であったにちがいない。

カップ焼きそばとはソースでありかやくである。これがカップ焼きそばの理論のいちばん初めの形、日清の研究者たちの理論だった。

このとき、たちまちカップ焼きそばの作り方という問題が生じてきた。なぜなら、ソースとかやくが本質ということ自体がすでに、湯切りが先という問いをつきつけているからだ。

沢木耕太郎

深夜焼きそば特急

トルコからオランダに行くヒッピーバスに揺られてすでに4時間が経過しようとしていた。私は、トルコのプディングハウスという宿の掲示板でこのバスを見つけて、乗ることに決めた。乗客はほとんどがヨーロッパのヒッピーらしかった。カバンからカップ焼きそばを取り出し、ビニールの袋をやぶりフタをあけた。窓の外を見ると、平原の奥で、夕日が落ち、まさに夜の帳《とばり》が下りようとしていた。

私は日本から持ってきた虎の子のカップ焼きそばをとうとう食べることに決めた。このあたりに休憩所はなく、バスは当分止まる気配はない。私は、付属のかやくを入れた。その上から電熱コイルで沸かしたお湯を入れた。

そして3分待つことにした。3分たったので湯切りをした。といっても、中にシンクがあるわけではないので、バスの窓から暗闇に向かってお湯を捨てた。お湯がなくなった容器にソースを入れ、混ぜた。ふたを外し、食べた。それはとても美味

Kotaro Sawaki

ノンフィクション作家　日本　1947〜

しかった。お腹が膨れたら眠くなってきた。私はオランダからの行き先をぼんやりと考え、そしていつの間にか眠ってしまっていた。

いったい何時間走ったのだろう。翌朝、オランダの首都アムステルダムに到着していた。鳥の声が響く。時計は朝7時を示していた。けだるい空気の車内から一刻も早く抜け出そうと駆け足でバスを降りると新鮮な朝の空気が口のなかに入ってきた。乗るときには気づかなかったが、バスにはこう書かれていた。From Youth To Death.「青春発墓場行」。私は空になったカップ焼きそばの容器を静かに見つめた。でも何が見えているわけでもなかった。

さくらももこ

Momoko Sakura　漫画家・エッセイスト　日本　1965〜

カップ焼きそば子ちゃん

久しぶりにお昼にカップ焼きそばでも作ることにした。めんどくさかったからである。確か数ヶ月前にスーパーで買い置きしていたものがあったはずだ。台所をごそごそ探していると、出てきた。子供の頃、カップ焼きそばはご馳走だったような気がするが、大人になったらただの即席麺でありがたいことは何もない。

かやくを入れ、沸かしたお湯を入れる。数分間待つのだが、容器を眺めていると、湯切り口が何とも言えない感じで進化していることがわかった。昔は湯切りが難しく、麺ごとシンクに落としたこともあったが、それを防ぐことに苦心した様子がうかがえる。メーカーさんも大変だ。

いよいよできあがったので、湯切り口からお湯をすて、ソースを混ぜて食べた。味は昔と一緒だ。できれば味も進化させてほしいと無茶なお願いをしてみる。

松浦弥太郎

Yataro Matsuura　文筆家　日本　1965〜

かっぷやきそばくらしのきほん

カップ焼きそば。現代が生んだひじょうにべんりなたべものです。インスタント食品の代名詞でもあるとおもいます。かやくをいれて、お湯をいれる。3分まってソースをからめたらできあがり。忙しく、じかんがない現代人には、とてもよろこばれるたべものだとおもいます。

でも、ちょっと味気ないのもたしかです。ほんらい、ごはんのじかんはいろんなことを考えたり、あじわったり、会話したり、きちょうなじかんなんです。

ちょっとくふうするだけで、とても豊かなごはんのじかんになります。例えば、できあがった焼きそばをいためてみる。または手で食べてみる。こんなささいなことで、食事ってかわってくるものなんです。

本当のぜいたくな食事ってそういうことじゃないでしょうか。

森見登美彦

カップ焼きそばの塔

何かしらの点で、カップ焼きそばは根本的に間違っている。
なぜなら、私がそんなものを食べなければいけない道理はないからだ。
例え、フタをあけてかやくくらいは入れたとしても。

私はそもそもカップ焼きそばなんてものを食べたくはないのである。本当は広瀬すずさんのようなうら若き乙女が作った焼きそばが食べたいのであって、お湯を沸かす前に私の男汁が沸きそうである。

○

かつて、京都では、京大生が京都中の女子大生を狩りに出かけ、見事食べ尽くした時代があったという。それから年月は流れ、叡山電鉄元田中駅に住む私の周りには、飢餓に苦しむ京大生があふれている。むくつけき4畳半の私の部屋には、ホモソーシャルな空気と沸かした湯気が充満し、ついでにお湯をカップ焼きそばに注いだ。

Tomihiko Morimi

小説家　日本　1979〜

仕方なく、出来上がるまでの間、私は、カップ焼きそばから生まれた恋という妄想を108通り思い描こうとした。しかし、ただの1編も思い浮かばぬまま、カップ焼きそばはまたたく間に出来上がった。湯切りをし、ソースを入れ、一口食べた。それは、苦かった。良薬は口に苦し。この思いを私は生きる糧にして日々生きているのだ。

○

いつか、鴨川沿いのカップルのように、黒髪の乙女と均等に座る日がやってくるのだろうか。そんなことを妄想していると、ふいにジョニーが立った。クララではない。カップ焼きそばを脇に置いて、私はジョニーを落ち着かせることに専念した。

○

何かしらの点で、カップ焼きそばは根本的に間違っている。
しかしジョニーの受け皿にはちょうどいい。

○

宮本浩次（エレファントカシマシ）

Hiroji Miyamoto（THE ELEPHANT KASHIMASHI）ミュージシャン　日本　1966〜

今宵のカップ焼きそばのように

不忍池が見えるベランダにて私は火鉢に火をつける
小鳥のさえずりが聞こえる　雨になればさぞ水鳥も驚くだろう
カップ焼きそばにお湯を入れれば　かやくはふやけて大きくなりぬ
今日は晴れか　それとも雨か　カップ焼きそばこそが知るだろう
湯切りをしぬれば　ソースを絡めり　食べるが　不安の味しかしない
今日もいい天気だ散歩にでも行こうか　それともカップ焼きそば
もうひとつ作ってみるか　この世は奴隷天国なりけり

中原中也

Chuya Nakahara　詩人　日本　1907〜1937

汚れつちまつた焼きそばに

カップ焼きそばを作つてゐる
かやくとソースを取り出して
沸騰した湯をかけてゐた
三分間を待ちながら
どしやぶりの湯が捨てられて
黒いソースがかけられ混ぜられてしまひ

あゝ食欲の数だけ
食べられてしまつた……

女性向け自己啓発エッセイ

Self-enlightenment Essay for Women

愛されるためのカップ焼きそば作りとは？

女性なら誰でも、男性から「きれい」「かわいい」と言われるようなカップ焼きそば作りをしたいものですよね。本書ではそんな魅力あふれる「焼きそば作り」をする女性たちを取材し、その秘密の方法をまとめました。

【1】自分のなかの食欲に目覚めます
【2】「食べたい焼きそば」ではなく「似合う焼きそば」を選びましょう
【3】思わず触りたくなるほど磨かれたヤカンでお湯を作りましょう
【4】Sラインを意識しながら焼きそばの蓋を開け、かやくをかけます
【5】ぬけ感が出るようにふんわり空気を含ませながらお湯をかけましょう
【6】ツヤツヤな麺になるように三分待ち、湯切りをして、ソースをかけます
【7】内面から食欲が満たされるように楽しみながら焼きそばを食べましょう

食べ終わったあとは、容器にほんのちょっと残った赤リップが、周囲の男性をドキッとさせるでしょう。

リチャード・ブローティガン

Richard Brautigan　作家・詩人　アメリカ　1935〜1984

僕は絶対カップ焼きそばを作るの詩

きみはいつもビニールに
包まれているから
僕は当然
優しく脱がしていく
箱の中に住む
焼きそばの
なんと美しいこと
ぼくはこの地にお湯をかけ
十分な時間を待ち
それを食べて、寝る。

柄谷行人

トランスユギリィーク

本書は三つの部分、麺とかやくとソースの考察から成り立っている。私がトランスユギリィークと呼ぶものは、麺とお湯の領域の間、ソース的批判とかやく的批判の間の transcoding、あるいはその両者の交通から成り立っている。物自体のカップ焼きそばに他者は存在し得ない。

マルクスはカップ焼きそばを麺—かやく—ソースという「一般的範式」として見る。これはM—K—Sという運動に言い換えられる。彼は「人は社会の中で個人化する」といっている。これはカップ焼きそばの前において人間はシンギュラーであるということだ。その本質はまさに次の一節に表れている。

カップ焼きそばの状態を研究する場合は、人は諸関係の客観的本性を見逃しがちである。つまりかやくとソースを取り出すのを忘れてお湯を入れてしまう。顕微鏡的にカップ焼きそばを細密に観察しても、ほとんど同じ確率において、この現象は起きてしまう。(「ペヤング宛書簡」)

Kojin Karatani

文芸批評家　日本　1941〜

産業資本主義の発展は資本＝ネーション＝ステート（capitalist-nation-state）を超えたトランスヴァーサル（横断的）なカップ焼きそばを可能にした。だから、アダム・スミスは既に一八世紀半ばにはこの視座を獲得していたと言える。

マルクスは最も先進国であるイギリスでカップ焼きそばが可能だと考えた。そのことは『ブリュメール一八日』においてスペシフィックに示されている。パリに亡命したマルクスはその翌年、カップ焼きそばを作った。この超越論的なトポスはカップ焼きそばと切り離せないだろう。

カップ焼きそばは物自体によって完成することができる。私はこれを単独性singularityと呼び、共同性full-courseとは区別したい。湯切りは超越論的で、カントはこれを「熱湯的転回」と呼んだ。この「命がけの跳躍」(salto mortale) は物自体のお湯を廃棄する。カップ焼きそばの完成はお湯の「飛躍」なくしてあり得ないのだ。しかし、それはお湯の「有限性」を認めることにほかならない。彼は湯切りの終焉を問うたのである。

ヴィジュアル系

INSTANT ～やきそば～

きみは水道のクリスタル集めて
やかんのなかにＤＩＶＥしていく

身体を駆け巡る
僕のＤＥＳＩＲＥ（欲望）が
瞳の奥で
カップ焼きそばをささやく

ねえ　もしもふたり
時計の針が戻せるのなら
ねえ　またふたりで
湯切りをしたい……

V-Rock

いくつもの目眩《めまい》を飛び越えて
熱湯のシャワーがＫＩＳＳをしていく

凍える夜に
僕のＤＥＳＩＲＥ（欲望）が
螺旋《らせん》を描いて
かやくと青ノリを見つける

ねえ　もしもふたり
食べる前に戻せるのなら
ねえ　またふたりで
ソースかきまぜたい……

栗原 康

Yasushi Kurihara　政治学者　日本　1979〜

はたらかないでカップ焼きそば食べたい

モテたい。そのいっしんでぼくは、生きてきたのである。ぼくは年収が１００万以下ほどで、親の年金で暮らしている。それでも、なんとか、彼女ができるようにがんばってきたのだ。しかしせんじつ飲み会に誘った女には絶望した。ぼくをはじめから軽蔑するような目でみているのである。もう我慢ならない。あてつけに、ぼくは家にかえってカップ焼きそばをつくることにした。あの女が一生食わないようなしろものをぼくは食べる。やつの顔にぶちまけてやる。

しかし、カップ焼きそばのつくり方はダサい。まるで国家権力にからめとられている。もっと自由につくれやしないか。まず湯切りがダサい。生麺でなんとかしてほしい。かやくはふたにはっついてとれない。ソースも湯切りで水が残っているから、こころなしか、うすい。せめて、カップ焼きそばの作り方をマスターすることによって、優越感にひたろうとしたが、大失敗だ。こんなことでは、一生彼女ができないではないか。こんなときは、長渕剛の「とんぼ」を歌ってやる。誰にも邪魔はさせないのである。

松本清張

Seicho Matsumoto　小説家　日本　1909〜1992

カップと焼きそば

藤田二郎は、ある大手商社の部長で、カップ焼きそばが無類に好きだった。接待でよく使用する赤坂の料亭の女中にもこの件は知れ渡っており、行くたびに、お土産として、カップ焼きそばを持たされた。藤田には特に光代さんという女中がつくことが多かった。光代は、ひとり者の藤田にカップ焼きそばの作り方を丁寧に教えた。湯をわかし、かやくを入れ、湯切りをし、ソースを混ぜる。

藤田は、それくらいひとりでもできると主張したが、悪い気はしなかった。藤田は、この料亭の女中に人気であった。藤田の接待相手は、主に官僚で、時を同じくして、汚職事件が新聞を賑わせていたこともあり、女中に相手の身分を明かすことはほとんどなかった。接待は終わり、玄関まで、相手を見送った。明日は、朝から出張で、特急あさかぜに乗って博多に行く予定だった。藤田は、途中でお腹が減ったときのために、カップ焼きそばをひとつ持っていこうと思った。

米原万里

Mari Yonehara　ノンフィクション作家・エッセイスト　日本　1950〜2006

青ノリアーニャの真っ赤な紅しょうが

ただでもらったカップ焼きそばの湯切り口のプラスチックの折れは気にしなくていい――「贈物にケチをつけるな」という意味のヨーロッパ各地に伝わる諺《ことわざ》である。

もっとも私は、諺の戒めの意味するところよりも、カップ焼きそばを品定めするときの決め手が湯切り口であるという生活の知恵のほうに感心してしまう。フタをめくりあげて、こじあけると、かやくをそそくさと投入する。さっとお湯をいれるときれいにフタを閉める。3分待つとさあ湯切りだ。湯切り口にはカップ焼きそばの鮮度が如実に反映される。古くなるほどに、折れの部分は摩耗していく。シンクでの攻防がはじまるのはそれからだ。そんな風景が浮かんでくる。そして必ず、ペヤング（ルーマニア人）のことを思い出す。

『VERY』

Magazine VERY

春は食欲ママがオシャレなんです

「休日、旦那さんとお家デート気分で……」

目まぐるしい時間のすき間には、力を抜くのも大事。簡単に作れるオールインワンなカップ焼きそばで旦那さんとほっとひと息。お湯を入れて、3分後に湯切りしてソースをかけるだけで完成。気軽なお家デートを楽しんで、素敵な夫婦に♥

▲カップ焼きそばの丁度いいドレッシー感

白を基調としたベーシックなカラーコーディネートに、正方形でタイトなスタイリング。シャープな焼きそばが一層軽やかになって、マヨネーズをトッピングするとより脱ハンサムな印象へ様変わり。今シーズンは女性らしく食べこなせます。

カップ焼きそば ¥170（税別）／コンビニエンス・ストア

小林多喜二

焼きそば工船

一

ぐウと腹が鳴って、「冷蔵庫」に蔵《しま》ってあるカップ焼きそばを食べることにした。かじかんだ手がビク、ビクと顫《ふる》えている。蛇口を捻ってザアザアと薬缶に冷ッこい水を入れると、火にかけて、ボコボコと沸騰しだすのを待った。薬缶から容器にお湯をブチ落とすと、ドッ、ドッと、お湯が溜まっていく。そしたら今度は蓋を閉めて三分待たなければならなかった。

二

三分して湯切りをすると、シンクのボコンッという音とともに、海霧《ガス》のように湯気が立ち昇った。お湯と一緒に焼きそばもこぼれ落ちそうになる。麺が飛び出そうと蓋に圧力をかけてくる。が、耐えた！　——容器を持ち直すと、お湯のしたたり

Takiji Kobayashi

プロレタリア文学作家　日本　1903〜1933

を振り落とした。

お湯を捨てきり、蓋を開けるとムクンだ麺が、容器に入っていた。よくも作りやがったな、と待ちかまえているように見えた。

三

ソースをまぜると、ハアーと息をかけて、ズルズルと一気にすすッて食う。熱い麺を頬ばり、ガツガツとせわしく口に運んだ。

「こいつア美味えぞ！」独言《ひとりごと》が出る。——食べることしか頭になくなり、焼きそばに夢中になった。

食べ終るとゴロリ横になって、誰にも口をきかなかった。何も考えていなかった。鱈腹《たらふく》食べた満足感に沈んでいた。

自己啓発本
Self-enlightenment Book

[はじめに] 夢とかやくとソースを胸に

僕は、底辺の工場で作られていたのに、苦学をして有名カップ焼きそばになりました。工場設立以来の快挙と周りから讃えられました。日々、ひたすら、お湯をぶっかけられやわらかくさせられる訓練を繰り返しました。そうした努力の末、スーパーの高級カップ麺コーナーに抜擢されました。湯切り口が豪華で、麺がシンクに落ちないタイプにまで上り詰めたのです。その後大手の食品メーカーと専属契約をかわし、3年で辞めて独立。今は、日給60万円ほどの稼ぎで暮らしています。

みなさんに言いたいことは、こんな出自の僕でもカップ焼きそば長者になれるということです。僕、個人の話ですが、周りに無理と言われるほど闘志が湧いてくるんです。当時は、かやくやソースと、湯切り問題をめぐってケンカばかりしていましたが、今はそれぞれ悠々自適な生活を送っています。僕の哲学は、カップ焼きそば長者は目指せば実現可能ということ。まさに、僕がやりとげたことは、誰にでもできるということなんです。みなさんも僕の本にお湯をかけてソースを入れて混ぜながら読み、実践してみてください。みなさんの成功を心より祈っています。

三代目魚武濱田成夫

Shigeo Hamada - Sandaime Uotake　詩人　日本　1963〜

俺にはカップ焼きそばが止まってみえるぜ

『カップ焼きそばの作り方を全部言えるようなガキにだけは死んでもなりたくない』

石野卓球

俺のカップ焼きそばはどれをとっても機械だぜ

石野卓球（以下、石野）：今日はカップ焼きそばを作るんだって？　っていうかそもそもこのコーナーの趣旨っていったいなんなんだっていう（笑）。

担当：卓球さんが何でも好きなことやるっていう……。

石野：え、そうなの？　じゃあここでうんこしてもいいわけ？

担当：そ、それは……NGですけど。

石野：じゃあ好きなことできないじゃん（カップ焼きそばのフタをはずし、パンツをおろしながら）。

担当：いや、石野さん、それは誌面では伝わらないんで……。

石野：何いってんのおまえ！（局部にわさびを塗りたくり、麻原彰晃の水中クンバカのポーズで心頭滅却し、かやくを入れながら）。

担当：石野さん落ち着いてください！

石野：落ち着いてるよ！（平野レミばりのハイテンションで玉ねぎを切り刻み、それで顔を洗い、洗ったあとの玉ねぎをカップ焼きそばのなかにぶち込みながら）。

Takkyu Ishino

ミュージシャン・DJ　日本　1967〜

担当：発狂してます！

石野：ちゃんとカップ焼きそば作ってるじゃん！（お湯を入れて5秒で湯切り、ソースをアタマにぶっかけてシャンプー代わりに使って瞬間接着剤で髪の毛を固めながら）。

担当：そんなん食べたくないですよ！

石野：いいから食えって！　俺様に逆らうのか（斎藤道三のモノマネをして、三木道三の「Lifetime Respect」を熱唱しながら）。

担当：奴隷の味がします……。

田中宗一郎

カップ焼きそばはユートピアをもたらすか

①日清の新しい商品「カップ焼きそばU.F.O.」は、一見、とても作りやすい、そして食べやすい作品だ。しかし表面的な印象をなぞっていては、この作品の本質を見落とすことになる。この作品は、そこまで、深い、そしてある意味恐ろしい作品なのだ。ひとまず、作りながら話そう。お湯をわかす。

②この作品は世界で通用する。いわばグローバリズムの象徴のような作品だ。カップ、ソース、湯切り口、麺、味、全てが世界標準で作られている。しかし、作られている背景はどろどろである。矛盾に満ちている。ガラパゴスと言われる日本で、一見口当たりのよい、それでいて、全方位的にケンカを売っているような作品だ。今、日本でこのような作品が現れるということの意味を僕たちはもっと考えなければならない。かやくを入れる。湯を入れてフタをする。

資本主義が行き詰まりを見せるなかで、グローバル企業が台頭している。僕たち

Soichiro Tanaka

音楽評論家　日本　1963〜

の世界は、全てがフラットな方向に、緩やかに移行している。しかし、それがもたらすものは、ユートピアなのか、ディストピアなのか、それは誰にもわからない。湯切りをすませソースを入れる。

③そういう観点から、もう一度、このカップ焼きそばを味わってほしい。そうすれば、ある意味で、このカップ焼きそばが、パンドラの箱を開けてしまったことがわかる。そう、もうはじまっているのだ。何が？　それは君が一番よくわかっているはずだ。

好むと好まざるとにかかわらず、もう我々はそういう世界に生きているのだ。

アンドレ・ブルトン

シュルレアリスムメン宣言

公園はその時刻、カップ焼きそばの泉の上にブロンドの両手をひろげていた。意味のない城がひとつ、お湯を沸かしていた。

神のそばの近く、その城のノートは、かやくを入れ、アイリスをえがくデッサンのところでお湯を注いだ。

〈若後家接吻荘〉というのが、自動車のスピードと水平の草のサスペンションとに愛撫されているその宿の屋号だった。

そんなわけで3分たった麺は、光が女たちをバルコニーにいそがせるとき、ブラインドに近づいて身じろぎひとつしなかった。

若いアイルランド娘は東の風の泣きごとに心みだされながら、乳房のなかで海の

André Breton

詩人・シュルレアリスト　フランス　1896〜1966

鳥たちが笑うのをきいていた。

「青い墳墓の娘たちよ、祝日たちよ、私がめざめるときに湯切りのお告げの鐘がひびかせるさまざまなかたちよ、炎のような諸地方のさまざまな風習よ、おまえたちは私に、白いソースの太陽を、機械鋸《もり》や葡萄《ぶどう》酒の太陽をもってきてくれる。これは私の蒼ざめた天使だ、安心しきった混ぜる私の両手よ。失楽園の鷗《かもめ》たちよ！」

宮沢賢治

カップ焼きそばの星

カップ焼きそばは、実においしい食べものです。

顔は四角く、なかには乾燥した麺に、かやくと、ソースの袋が入っています。誰からも気にいられて、戸棚へ大事にしまわれています。人間はカップ焼きそばの顔さえ見ると、早く食べさせろ、食べさせろと、いうのでした。

しかし、カップ焼きそばはさらにおいしくなろうと、台所の戸棚から飛び出ました。シンクまでやってくると、蛇口の水にむかって云いました。

「お水さん、お水さん。沸騰させて、お湯になってください。」

「おや、お前はカップ焼きそばだな。ようし、まかせておけ。」

水は火にかけられて、お湯になりました。お湯はカップ焼きそばのなかに、はいりました。カップ焼きそばは大声をあげて泣き出しました。

(ああ、つらい、つらい。お湯はこんなにも熱いんだなあ。でも、三分間はこうしていなきゃいけない。)

カップ焼きそばは熱湯にたえて、ヨロヨロになってしまいました。

Kenji Miyazawa

童話作家　日本　1896〜1933

（これで僕は美味しくなれたんだろうなあ。熱さをがまんして、食べられる。たいへんな話だなあ。）

カップ焼きそばは頭をかたむけると、コポコポと湯を捨てました。ソースをからだにつけると、いきおいよく踊って麺とまぜました。

「人間さん、人間さん、僕を食べてください。」

カップ焼きそばがそう云うと、人間は箸でつかみ、食べはじめました。いつまでもいつまでも食べつづけました。

今でもまだ食べられています。

ーぶ

もし西原理恵子が宮沢賢治を描いたら
…を田中圭一が描いたら
いーはと

J・G・バラード

熱湯世界

熱湯化した河のほとりには、宝石をちりばめたようにかやくの小袋が輝いていた。その光景を初めて望んだサンダーズ博士は、なによりも食欲を強く刺激された。港を形作っている倉庫のなかには、箸が大量に眠っている。そして、内陸の密林には麺が繁っており、辺りを暗くしていた。濃い黄色の麺が巨大な糸屑のように、よどんだ空気の中で垂れ下がっている。卵色のマントが内陸の丘まで広がっていた。

船の甲板にはサンダーズ博士のほかにも初老の男が立っていた。男はバーニーという名前で、今は休暇中で普段は技術士として働いていると言った。バーニーは煙草を吸いながら岸を見守っている。吐き出した煙が熱湯の湯気と絡まり溶け合っていた。

河が狭まってくると、サンダーズ博士は密林の壁からつきだしている麺に手をのばした。麺は木の枝のように強張《こわば》っていた。

「この麺は食べられるのでしょうか」

サンダーズはバーニーに尋ねた。

James Graham Ballard

SF作家　イギリス　1930〜2009

「これだけでは難しいでしょうな」とバーニーは視線を岸に向けたまま答えた。「麺が育ちきると重さで河に落ちるんです。すると麺がほぐれて柔らかくなる。それを水揚げすると食べられるってわけです。丘に住んでいる人間は、自生しているかやくを混ぜてこれを主食としています」

サンダーズは船から身を乗り出して河の底を見た。湯気が顔にあたる。柔らかくなった麺が生き物のように蠢《うごめ》き、絡まり合っていた。

「妙だな――」サンダーズは言った。「この麺は焼きそばに見える。しかし、焼きそばだとしたらソースがないと食べられない」

バーニーが黙って肯《うなず》いた。そして、咥《くわ》えていた煙草を岸に向かって投げ捨てた。腐った染料のように暗く澱んだ地面に煙草の火が触れると、黒ずんだうねりが焼けて煙があがった。かぐわしい匂いが辺りに立ち込めた。

「これは――ソースだな」

サンダーズには容易に信じられなかった。しかし、この密林は急速に拡大しており、各国の首都はすでに麺に覆われていた。太平洋が熱湯化し、多くの人間は内陸地へと避難しているのだった。

『暮しの手帖』

カップ焼きそばは自然の摂理に反しています

1. 小鳥のさえずりが聞こえるこんな天気のいい日は、外に出てピクニック気分でカップ焼きそばを作ってみましょう。太陽の光を浴びれば、きっとからだも元気になるはずです。背筋もピンと伸びるはず。ほら、あちらにはすでに春の予感。サクラが今にも咲きそうです。生命が誕生する際には、とてもエネルギーが発生するといいます。そのエネルギーをわけてもらいましょう。

2. かやくは水につけてゆっくり戻しましょう。もちろんお湯は外ではわかせません。ガスコンロなども環境に悪いのでおすすめできません。お湯のない生活もときにはいいものです。火のない時代の私たちの暮しに思いをよせて。

3. お湯がないので、ふやけたかやくを麺にのせて水を入れます。そのまま18時間くらい待ちましょう。たぶん食べられるくらいにはふやけているはずです。急いではいけません。ときには時間に追われる現代社会から距離をとってみるのも新鮮です。スローな気持ちで。何も考えずに。目の前のやりたいことだけをやってみるのです。

4. 食べます。決しておいしいとは言えませんが、私たち人類はおいしさを求めて何を犠牲にしてきたのでしょうか。今日はそのことを考える日にして、あえておいしくないものを味わってみるのもいいでしょう。こうやって、生きることを反省する時間をつくることもときには大事です。

ビジネスメール
Business Mail

焼きそば作成の手順に関して

人間さま

お世話になっております。インスタントのカップ焼きそばです。
食事の日程が近づいてきましたので、当日の手順についてリマインドいたします。

【当日の手順に関して】
1．お会いしましたら、私の蓋を半分まで開けて、中の小袋を取り出してください
2．沸騰させたお湯を私に注いでいただき、蓋をしっかりと閉めて三分待ちます
3．三分経過後、私の中からお湯を捨てていただき、ソースをかけて箸で混ぜます
4．あとはご自由に召し上がってください

当日、お会い出来るのを楽しみにしています。
それでは、よろしくお願いいたします。

山田悠介

Yusuke Yamada　小説家　日本　1981〜

リアルカップ焼きそば

西暦三〇〇〇年。食品技術がかつてないほど発達したこの王国で、恐るべき「カップ焼きそば鬼ごっこ」が行われていた。

佐藤がキッチンに足を踏み入れると、やかんの気配を感じた。彼が身につけている「やかん探知機ゴーグル」はやかんが近くにあるとセンサーが反応するようになっている。今の王国はそこまで技術が発達していた。

佐藤は真剣な表情でコンロの火にかけると、凄まじい勢いで水を沸騰させた。そして、かやくをパラパラと麺にかけ、お湯を一気に注ぐ。一瞬だけ、フッと安心感が湧いた。ここまで全力を尽くしてきた。カップ焼きそば完成まで……約三分。

(必ずこの焼きそばは完成する)

もし三分後、焼きそばが出来上がっていなかったら、そこで人生は〝ジ・エンド〟、直ちに処刑される。この国ではそういう法律になっていた。

カップ焼きそばが完成しているのを確認し、佐藤は安堵した。そして一口食べて、自分が生きていることに感謝した。その味は愕然とするほど美味しかったのだ。

北園克衛

単調な焼きそば

カップ焼きそば
の蓋
のなか
のかやく
の袋
そして

やかん
のなか
のお湯
を
かける
さらに

Katue Kitazono

詩人　日本　1902〜1978

湯切り
を
して
ソース
を
まぜる

一人
で
食べる
夜
の食事

山本一郎

引き続きカップ焼きそばをお願い申し上げます

山本一郎です。山本太郎でも山本一太でもありません。いい加減覚えてください。今、ネット上で絶賛炎上中のカップ焼きそばの作り方問題ということですが、これは湯切りを忘れたままソースを混ぜた感のある某ペヤングさんの暴走がひとつの引き金になっているという見方がやはりいちばん真相に近いのかなと思うわけでして。この、ブロガーであるちんきり女史さんの記事なんかよく観察しているなと。

「カップ焼きそばが作りにくくてしかたがねえ：はてなブログ」
https://kappuyakisobanotukurikata/peyangu/yarisugi/

やっぱり、パクチーとかチョコとかだしちゃうとそれだけ作り方も変わってくるわけでして。かやくがちゃんとふやける温度も当然変わってきてコンシューマーが混乱するのは既定路線だと思うんですよね。少し前の記事ですが、日経焼きそば新聞さんが観測気球を盛大にあげておりました。

Ichiro Yamamoto

ブロガー・投資家　日本　1973〜

「多様化するカップ焼きそば：日経ＰＯＳ情報　ＰＯＳ ＥＹＥＳ」
https://nikkeishinbun/kappumen/post/

これをまた愛するｍｉｘｉがみごとに記事提供でトップニュースにしており炎上というコンボを華麗にきめており、さすがｍｉｘｉといいますか、事業ごと焼きそばＵ．Ｆ．Ｏ．に連れ去られて土星あたりで静かに営業をしていてもらいたいと思う気持ちをぐっとこらえて、今これを執筆しているわけでございます。

今後ともｍｉｘｉをお引き立てのほどよろしくお願いいたしますとともに、引き続きよろしくお願い申し上げます。

伊藤政則

2017 in LA ザ・カップ焼きそば・リポート

二〇一七年、冬、僕は昼食を取るために自宅にいた。その日は絶好のカップ焼きそば日和だった。昨日まで降っていた雪はすっかりと止み、穏やかな陽光が窓から差している。

そのカップ焼きそばは、その年の夏、LAで買ったものだ。マイケル・シェンカーを取材したレコーディング・スタジオからの帰り道、僕はふと「焼きそばが食べたい」と思ったのだった。

急ぎ足で2ブロック先のコンビニエンス・ストアに駆け込むと、カップ焼きそばを手に取った。僕が買った後、ほどなくして商品はソールド・アウトしたという。

紙仕様のジャケットを開けると、容器の中から2枚の袋がリリースされる。『かやく』(17年)と『ソース』(17年)だ。『かやく』のソリッドな空気感、『ソース』の重厚な色合いは僕を魅了した。

僕は箸〈ha〉とマヨネーズ〈m〉というメンバーを揃えた。もちろん、麺を戻すためにかけられる湯〈yu〉も忘れてはいけない。昼食という名の人生の旅はまだ

Seisoku Ito

ヘヴィメタル評論家　日本　1953〜

始まったばかりだ。

3分間にわたる沈黙を破り、僕は湯切りをして、麺にソースをかけた。美しい麺と、屈強なソースが絡み合い、力強いセッションが始まる。

僕の箸も止まることを知らなかった。麺とソース、そして青のりが一体化し、濃厚な味は頂点を極め、伝説的な昼食になったことをここに記録しておく。

僕は空になった容器を見つめた。それは一九七八年、初めてニューヨークで食べたカップ焼きそばと同じ景色だった。

利用者の声

Customer Voice

「おかげで満腹になり、年収が増えました！」

菊池良さん（二九歳）

最初は半信半疑だったんです。「ほんとに三分で焼きそばができるのかな？」って（笑）。今では疑っていた自分に説教したい気分です。

当時、私は焼きそばを食べるには祭りの屋台に行くか、麺を手打ちするかしかないと思っていました。それが知人の勧めで「カップ焼きそば」を購入してみてビックリ！　お湯を入れてしばらく待つだけでこんなに焼きそばになるなんて！　今では一日に一食は必ずカップ焼きそばを食べていて、空腹にイライラすることがなくなりました。

それだけではないのです！　お腹がいっぱいになったおかげで、心に余裕ができたのか、友人が増え、彼女ができ、年収は一億を超えました。タワーマンションの最上階で、スーパーモデルの彼女と一緒に、ハウスキーパーが作ったカップ焼きそばを食べる日々です。こんな幸福を手に入れられるなんて、カップ焼きそばを買う前はあり得ませんでした。あなたも後悔する前に買ってみることをオススメします。

道徳の教科書

Moral Textbook

今のわたし、将来のわたし

あなたはどんな夢を持っていますか。3分後の自分はどんな風になっていたいですか。将来のことを具体的に想像して、次の空白に書き込んでみてください。

●私の夢

わたしの夢は美味しい焼きそばになることです。いまはまだカタい麺ですが、熱いお湯がかけられることで、りっぱな麺になりたいです。湯切りで飛び出すこともなく、容器におさまっていたいです。

●3分後の私

麺がやわらかく美味しく戻され、コクのあるソースがかけられて、とってもおいしくなっています。ズルズルと勢いよく食べられて、食べた人をまんぞくさせています。

3年5組　カップ焼きそば

ウィリアム・ギブスン

ニューインスタンサー

1

即席焼蕎麦《カップやきそば》は炭水化物欠乏症《スピード》にはうってつけの食べものだ。調理方法は簡易で、凝り性《アーティスト》じゃなくても作れるところもいい。仕事《ビズ》が終わった真夜中《ミッドナイト》のさらりまんは二四時間営業店《コンビニ》でこいつを買ってきて食べるのが習わしだ。値段が新円《ニュー・イエン》で二〇〇円ほどで低コスト《チープ》なのも有り難い。

2

包装《グラフィックス》に書かれている〝作り方《コード》〟を読めば、誰にでもできる簡単な作業だ。台所空間《キッチン・スペース》で即席焼蕎麦《カップやきそば》のペーパー蓋を半分まで開き、二つの透明な小袋を取り出す。薬缶《やかん》でお湯を沸かし、ポリエチレンの容器《ターミナル》に没入《ジャック・イン》させる。目印《ビーコン》までお湯を入れて蓋をしたら、あとは静かに待つだけだ。

William Gibson

SF作家　アメリカ　1948〜

3

麺は膨らむようにプログラムされている。三分経ったら、スロー・モーションで容器を転《フリップ》させてすべてのお湯を捨てて、湯切《クラッシュ》りしなければならない。そしてソースを素材《ソフトウエア》にかけて、割り箸《マニピュレータ》で混ぜたら完成だ。

湯気で眼鏡《グラス》が曇《クラウド》るのを気をつけながら食事《ラン》する。東京《トウキョウ》の〝夜の街《ナイト・シティ》〟では、こんな光景が壊れたホログラムのように繰り返されていた。

どこか近くで麺を啜《すす》る音がする。

吉本隆明

Takaaki Yoshimoto　思想家　日本　1924～2012

ヤキソバ書試論

カップ焼きそばに現在性があるとすれば、その変成のイメージにある。沸騰したお湯を容器のメルクマールまで注げば、完成後のイメージが、如実感を以て表出してくる。

三分が経ち、わたしたちはこのお湯を断ちきろうとして、容器を傾け出してみる。そのとき、わたしたちの孤独がある。孤独が自問する。焼きそばとは何か。もし焼きそばにおけるお湯を断ち切れないならばだ。

ソースを麺におりこんで現前化するのは、麺とソースが表出されたものではなく、この二つがアマルガムされたものだ。これははたして何を象徴しているのか。人間の食欲や食事風景を象徴するものになっており、同時にその解体も象徴している。

人間は、箸を取って容器を持ちながら、カップ焼きそばを食べることができるし、カップ焼きそばを目の前にしながら、それを回避することもできる。自由な意志は選択するからだ。しかし、人間の食事を決定するのは関係の絶対性だけである。

グラビアポエム

gravure photo poem

Fでもない、Gでもない、焼きそばカップ！

君がお湯に浸かったとき、
君は蜃気楼のように幻になる。

存在を主張していた、
君の身体はだんだんとふやけてきて、
気高く、官能的な、美裸身を僕たちに見せつける。

お湯からあがると君は、
一糸まとわぬ姿で静かに、そのときを待っている。
僕たちに、食べられるそのときを。

ドリアン助川

カップ焼きそばの会

カップ焼きそば。

それは、大量生産、大量消費時代の申し子。

かやくを入れて、お湯を入れ、湯切りをし、ソースを混ぜる。

たったそれだけで、食べることができる。

インスタントな食事。

僕らは、それで何を得て、何を失ったのだろう。

3月11日。東日本大震災。

Sukegawa Durian

ミュージシャン・詩人　日本　1962〜

そんなカップ焼きそばが大勢の人の胃袋を満たした。
インスタントな食事。
そっけないいつも同じ味のカップ焼きそばを
ひとり、テレビを見ながら食べている。
家族の団らんは消え、核家族の崩壊はすぐそこにある。
インスタントな食事。

井上章一

焼きそばぎらい

カップの、焼きそばというものが、人気のようである。そもそも私は、インスタント食品というものが、どうもにがてで、あまり食べてこなかった。しかし、日本では、画期的な発明として、すうはい、とまではいかないまでも、ひじょうに評価のたかい食べものであることは、たしかである。お湯をわかし、かやくをいれたカップにそそぐ。3分待ったらゆきりをして、ソースをまぜる。たしかにかんたんだ。

そっちょくにこう書くのも、どうかと思うが、おいしいとは思えないのである。めんはパサパサしていて、ソースもしょっぱい。しかしながら、おいしいと思う人のほうが多い。これは私がおかしいのだろうか。じぶんの味覚をおとしめられたような気がして、ずいぶん、きずついた。

本当に、私の舌がおかしいのだろうか。私は調べてみたくなった。当時の資料をよみこんでいくと、カップ焼きそば＝おいしいという認識には、かなりの人為的

Shoichi Inoue

建築史家　日本　1955～

な操作が、はいっている。カップ焼きそばが本当においしいのではない。カップ焼きそばはおいしいという神話を、日本人に、うめこむことにせいこうした人たちが、いるのである。

そんなふうにして、私は、カップ焼きそばの評価が決まる過程を調べることによって、人間の相対的価値観のゆれ、について、書いてみようと思ったのである。

書きはじめる前に、カップ焼きそばを食べるとしよう。ひとくちくちにいれたが、やっぱり、あんていのまずさである。私の舌は間違っていないと思うのだ。

百田尚樹

カップ焼きそば飛んできたら俺はテロ組織作るよ

カップ焼きそばを作っていくんやけど、かやくを入れて、お湯を入れる。このお湯を入れるってところにまず違和感があんねん。カップラーメンやったらわかるんやけど、カップ焼きそばってそもそも作るのに無理ないかなって思うときあるよ。だって焼きそばって炒めるもんやからね。それをお湯だけで作るっていうのに誤解というか誤謬《ごびゅう》があると俺は思うよ。だから、無理を通せば道理が引っ込むではないけど、カップ焼きそばっちゅうもんは、生まれてきてはいけない星のもとに生まれてきたんやなあという、ちょっとかわいそうな食べ物なんちゃうかなって思うわ。

湯切りもなんか一手間無駄な気がするしね。ソースかけるのも一緒。お湯でびちゃびちゃな麺にソースかけたら、なんか気持ち悪いよね。当然、添加物や化学調味料も使いまくってるから身体にも悪い。誰も気にせーへんのかが不思議やわ。このへんが大阪発祥の食べ物って気がしますね。でもまあ僕も喜んで食べますし、へんずりもこきますけど。

でもこういうことを言うと、また中共の左翼どもがだまってへんからほんまうざ

Naoki Hyakuta

小説家・放送作家　日本　1956～

いですわ。特に朝日新聞ね。築地だけは死んでも近づきたくないですわ。もし近づくとしたらテロ組織として活動したときくらいですか。それくらい朝日の罪は重いね。中国をヨイショしてきたのが、どれだけ日本国民を貶《おとし》めてきたか。

カップ焼きそばなんて今では中国産のものばっかり使ってるでしょ。誰が食べたいんですか。危なっかしくて食べられないですよ。でも食べ物は悪くない。だから食べますけどね。それとこれとは別にまあへんずりもこきますけどね。へんずりさえこいてれば日本は平和なんですよ。左翼は一生へんずりこいとけ。

『ムー』

衝撃！　U.F.O.の内部映像を入手！

捕獲したカップ焼きそばU.F.O.内部にかやくの袋が2枚入っている!?　そんな驚くべきU.F.O.の内部を捉えた写真の存在が明らかになった。

残念ながら、写真は借りることができず、我々取材班がこの目で見ただけなのだが、そのモノクロ写真には、かやくの袋が確かに2枚、その他、ソースの袋、麺、などが写っていた。

我々に情報をもたらした、あるコンタクティによれば、かやくの袋が2枚入っていることは、ネス湖のネッシーを見つけるよりも確率が低いとのことで、大変に珍しいことのようだ。

最初にこの写真を掲載したのは『UFO CONTACTS IN FRANCE』という今年の3月に発売された書籍で、著者のポルナレフ氏によると、かやくが多いと3分ではふやけきらないので、5分は待つ必要があると、そのなかで、書いている。

何にしても、我々取材班は、このカップ焼きそばU.F.O.を再現すべく、近所のスーパーで、カップ焼きそばU.F.O.を2個購入し、かやくを2袋集め、ひとつのカップ焼きそばにかやくを2つ入れたところ、やはりふやけるまでに5分は必要なのがわかった。

果たして、本当にかやくが2枚入っているカップ焼きそばU.F.O.は存在するのか。邦訳が待たれる一冊である。

［対談］村上 龍×坂本龍一

Y.S. Café 超焼きそば論

村上 この前、取材で南米に行ったら、びっくりしたわけ。なにがってそんなところにもカップ焼きそばが売っているんだよ。ホテルで作って食っていたらさ、俺は今、どこの国で何をしているんだろうって（笑）。

坂本 今の話をフォローすると、資本主義から国境がなくなっているって話ね。都市と都市のネットワークが発達して、物理的な距離はもう無効化しているわけ。

村上 そう。国境があいまいになって、国家を超えた都市圏ができてきている。それこそコンピュータもそうだし、食品なんかもそう。

坂本 特にインスタント食品はね。カップ焼きそばってさ、方程式はデリダなんだよね。かやくとソースを取り出して、バラバラにするわけじゃない？ 最後にそれを組み合わせて、一つの作品にするわけだから。

村上 脱構築ね。それとさ、何度作っても同じ味になるっていうのは、極めてディジタル的だよね。どこの国で誰が作っても同じ味になるわけ。

坂本 お店の焼きそばが近代だとしたら、カップ焼きそばは脱近代ってことか。

Ryu Murakami × Ryuichi Sakamoto

小説家　日本　1952〜　　　作曲家　日本　1952〜

村上　カップ焼きそばを食べるとさ、破滅的な気分にならない？

坂本　あんまり食べないから、よく分からないな。

村上　なるんだよ。湯切りして、ソースを混ぜて食べているとさ。というのも、インスタント食品ていうのは、極めてコンピュータ的な行為なわけじゃない？

坂本　少なくとも動物的ではないよ。野生のシカはカップ焼きそばを食べない気がするな。

村上　そう。機械的なんだよ。だからこそ不健康な気がして、反発したくなるの。

坂本　逆説的に、人間のアニマルな部分が呼び起こされるわけね。でも、食欲はサティスファイ（充足）される。

村上　うん。そのアンビヴァレント（二律背反）ね。カップ焼きそばって、動物的な欲求と直結しているのに、人間のエモーショナルなところは排除されているの。だからこそ、対象物対自分というか、そういう問題に回帰するところはあるよね。

坂本　自分の存在を問われているわけね。

村上　そういう時代になると思うよ。

坂本　うん。七〇年代からそれは強まっている気がする。

菊池 寛

Kan Kikuchi　小説家・実業家　日本　1888〜1948

カップ焼きそば春秋創刊の辞

1、私は頼まれて焼きそばをつくることに飽いた。

2、即席麺でもいい。自分で、考へて、かやく、ソース、湯切りなど、自由な心持でつくつて見たい。友人にも私と同感の人々が多いだらう。

3、又、私が知つてゐる若い人達には、新しいカップ焼きそばがつくりたくて、ウヅヽゞしてゐる人が多い。

4、一には自分のため、一には他のため、このカップ焼きそばをつくることにした。

芥川龍之介

Ryunosuke Akutagawa　小説家　日本　1892〜1927

羅蕎麦門

申《さる》の刻下《こくさ》がりの出来事である。

下人《げにん》は六分の空腹と四分の好奇心とに動かされて、カップ焼きそばに手をかけた。その蓋を少しずつ開けるのに従って、かやくとソースの袋が見えてくる。下人の食欲は勢いよく燃え上がり出した。

二つの袋を取り出し、右手で薬缶を手に取って、容器にお湯を注ぐ。そうして、数分待つと、容器を摑んでお湯を捨てたのである。

「己《おれ》がこれを食べようと恨むまいな。己はこうしなければ、饑死《うえじ》にする体なのだ」

下人はすばやく、ソースをかけて箸で混ぜた。それから、焼きそばを手荒く口に運び、またたく間に食べきった。後には、ただ、黒洞々《こくとうとう》たる容れ物があるばかりである。

空の容器の行方《ゆくえ》は、誰も知らない。

もし鳥山明が芥川龍之介を描いたら
…を田中圭一が描いたら

Dr.SLUMP

風俗レポート

今日はとびっきりのカップ焼きそばちゃんに潜入だ〜！

どうも！　カップ焼きそばガチンコレポート！　どすこいＭＡＸのレポーター、珍やかんです。みなさん、お腹、たまってますか〜？　今日は、なんと！「ペヤングソース焼きそば超超超大盛ＧＩＧＡＭＡＸ」に突入したいと思いまーす！

ま・ず・は！　突入する前にプロフィールを調べておきたい。何事も事前の準備が大事なんですね〜！

1．食べ切れる量か（あまり熟熟でもＮＯ）
2．いつ食べるか（早番、中番が理想）
3．説明文がおかしくないか（日本製じゃない可能性がありますね）

これらをよくチェックし、まずは、品定めをしてくだされよ。かといって、これがすべてではないですし、これにあてはまっても、ものによってはいい思いをするこ

Report of FUZOKU

とだってありますから！　なんといってももの次第！

ということで、突入しまーす！

まずは、フタをあけましょうかね……。お、きれいな麺が出てきましたね〜。いい仕事してます。

そこにパウダー、もといかやくを振りかけて、熱湯を注いで約3分。この時間がM男にはたまりませんよなあ！！！

湯切りをすませると、今度はオイル（ソース）をたっぷりかけてかきまぜて……あ、ああ！！！（放心状態）

みなさまもお試しあれ。

満足度　☆☆☆☆☆

迷惑メール

Spam Mail

件名：突然ですが、カップ焼きそばを相続しませんか？

はじめまして、橋下恵里菜、33歳の未亡人です。
主人が亡くなってから3年、私に残されたのは主人が大好物だった大量のカップ焼きそばでした。
最初は主人の思い出として大事に取って置いたのですが、そろそろ私も新しい人生を送ろうと決意しました。そこであなたにぜひ焼きそばを相続してほしいと思い連絡しました。

http://www.cupyakisobamiboujin.com/

→のサイトに登録すると、相続権を得ることができます。本日23時59分までに登録しないと無効になりますので、お気をつけください。
それでは、待っていますね！

インスタグラム

Instagram

@cupyakisoba

#カップ焼きそばの作り方

#フタを点線まで開けてお湯を入れる

#フタを閉めて３分待つ

#お湯を捨ててソースを混ぜて食べる

#食べ過ぎ注意

#太るぞ

#うるさいな

もしカップ焼きそばの作り方をただそのまんま本に載せたら

《 比較検討して愛でるポイント 》

コピー

「さっぱり・こってり」

文章

「投げっぱなし—余計なお世話」「同じ部位＆行為の表現」
「である・ですます」
「同じ単語の—漢字・ひらがな・カタカナ—使い分け」
「数字・丸数字」「英字・丸英字」「句読点の多さ」
「太字・色変え」「改行のあるなし」

商品

「ソース・かやく・マヨネーズ・青ノリ等のディテール」
「待ち時間」

ペヤング　ソースやきそば

まるか食品

Big!

〔調理方法〕

①フタを（A）から（B）の線まではがし、ソース、かやく、ふりかけ・スパイスを取り出します。②かやくをめんの上にあけ、熱湯を内側の線まで注ぎ、フタをします。③3分後、（C）の湯切り口を矢印の方向にゆっくりはがします。④カップの「☆」の部分2ヶ所をしっかり持ち、ゆっくり傾けながら湯切り口よりお湯をすてます。⑤フタをすべてはがし、ソースをよく混ぜ合わせ、ふりかけ・スパイスをかけてお召し上がりください。

お湯の目安量　480ml

日清焼そばU.F.O.　お好み焼味

日清食品

［数量限定］特製ソース＆マヨ＋かつお節

はごろも舞　使用

●調理方法

①フタの上のふりかけを取り、フタを一部はがし、ソース・マヨネーズ・かつお節パックを取り出し、熱湯を内側の線まで注ぎ、フタをして［3分］待つ。②湯切り口を作り、カップをしっかり持ち、静かに傾け、湯切り口からお湯をすてる。③ソースをかけてよく混ぜ合わせ、マヨネーズとふりかけ、かつお節をかけて出来上がり。

お湯の目安量　460㎖

明星　一平ちゃん夜店の焼そば　辛子明太子味

明星食品

いっぺん食べたら、やめられない。
明太子風味マヨ付（特製マヨ）
明太子の刺激に、マヨのコク。
細い！キレイ！楽しい！　マヨビーム

調理方法　　お湯の目安量　５４０㎖

１・フタを①から②の線まではがし、ソース、特製マヨ、ふりかけをカップから取り出し、熱湯を内側の線まで注ぎフタをします。

２・**３分後**、③の湯切り口を矢印の方向にゆっくりはがします。

３・カップをしっかり持ち、ゆっくりかたむけながら湯切り口からお湯をすてます。

４・フタをすべてはがし、ソース、特製マヨ、ふりかけをかけてよく混ぜてからお召しあがりください。

マルちゃん　俺の塩

東洋水産

ホタテと昆布の旨みが利いたコク塩味！
ソースには赤穂の塩使用
うまみ塩焼そば

調理方法【必要なお湯の目安量】５３０㎖
①フタを**（A）から（B）の実線**まであけ、液体ソース、粉末ソース、かやくを取り出す。②かやくを麺の上にあけ、熱湯を内側の線まで注ぎフタをする。③**1分後、（C）の湯切り口を矢印の方向にゆっくりはがす。④容器をしっかり持ち、**ゆっくりかたむけて、**湯切り口からお湯を捨てる。（やけどに注意）**⑤フタを全部はがし、液体ソースをかけて軽くまぜ、粉末ソースをかけてよくまぜてからお召しあがりください。

サッポロ一番　オタフクお好みソース味焼そば

サンヨー食品

香りまで旨い！
香ばしい焦がし風味ソース！
オタフクソースと共同開発
特製マヨネーズ　マヨライナーノズル

［必要なお湯の目安量　５１０㎖］

調理方法

［１］外装フィルムをはがし、フタを**（A）から（B）まで開け**、**３種類のパック（ソース、マヨネーズ、ふりかけ）**を取り出し、熱湯を内側の線まで注ぎフタをする。

［２］ソースをフタの上で温める。

［３］**３分後**、**（C）の湯切り口**を矢印の方向にゆっくりはがし、カップをしっかり持って、**ゆっくり傾けながら湯切り口よりお湯をすてる。**

［４］フタを全部はがし、**ソース**をかけて**よく混ぜ合わせる。**最後に、**マヨネーズ**、**ふりかけ**をかけて出来上がり。

ニュータッチ　仙台牛タン風味塩焼そば

ヤマダイ

別添スパイスが味の決め手！
仙台・宮城観光ＰＲキャラクターむすび丸
承認番号２８２２５号

【調理方法】　必要なお湯の目安量：５４０㎖
①お湯の注ぎ口を線まであけ、ソース、かやく、スパイスを取り出す。②かやくをめんの上にあけ、内側の段まで熱湯を注ぎフタをする。③**４分後**、湯切り口を矢印の方向にゆっくりはがす。④カップをしっかり持ち、ゆっくり傾けながら湯切り口よりお湯を捨てる。（**やけどに注意！**）⑤フタを全てはがし、ソースを入れてよくかきまぜ、最後にスパイスをかけてお召しあがりください。

JANJAN ソース焼そば

エースコック

10種類の野菜と果実の

★ 2種類ある簡単バージョンのほう

調理方法

①ソースを取り出す
②熱湯を注ぐ（電子レンジ不可）
ソースをフタの上で温める
③**3分後**お湯を切る（強く振らない）
④ソースを入れ、よくかきまぜる

A-One 焼そば・カップ　ミックスフード味（ベトナム）

輸入元＝フジフードサービス

什錦炒麵
ベトナム塩やきそば　ミックス味

調理方法
1・麵と薬味を容器に入れ、熱湯400㎖を注ぎフタをして3分待つ。
2・カップを静かに傾け、角にある湯切り口から湯を捨てます。
3・スープの素とオイルパックをかけてよく混ぜ合わせます。
使用上の注意：やけどにご注意ください。

もし村上春樹が本書の「おわりに」を書いたら…

僕は三十八歳で、そのときボーイング747のシートに座っていたわけではなかった。高円寺の古ぼけた喫茶店でコーヒーを飲みながら2549本目のタバコに火をつけていた。すると携帯電話の着信音が鳴った。やれやれ。編集者からだった。最初、無視しようかとも思った。喫茶店のコーヒーは今まさに僕の脳内をそのカフェイン的ピークに持ち上げようとしていたからだ。でも僕は電話に出た。編集者は、原稿を早く書けといったことを——ごく簡単に言えば——述べた。「わからないな」と電話を切ってから僕は、声に出して呟いた。でも状況は何も変わらなかった。

僕は原稿をやらなければならない。それは純然たる事実として、そこにあった。気分転換にナポリタンを注文した。ここは、わりにおいしいナポリタンを出すことで有名だった。時計の針は午後四時を差していた。僕は時計のねじを巻いた。そうやってこの世界の矛盾や欠点を少しずつ元に戻すのだ。しかし、だからといって原稿ができあがるわけではなかった。ここにいてもしょうがない。僕は別の喫茶店に行くことにした。次は、阿佐ヶ谷にしようと思った。僕はアサガヤと声に出して言ってみた。だが、当たり前だが、状況は何も変わらなかった。原稿は一文字も進んでいなかった。まるで、切り刻まれた鳥の脳のような進捗状況だった。会計を済ませようとお金を渡したら、店員は指が四本しかなかった。

僕は外に出た。途中顔のない男とすれ違った。高円寺駅に着くと、ひとりの女性に話しかけられた。初老の女性だ。女性は、原稿を早く書けといったことを――ごく簡単に言えば――述べた。「わからないな」僕はさっきよりも強い口調で吐き出すように声に出した。なぜいきなり知らない女性から原稿の催促を受けなければならないんだ。僕は怖くなって家に帰ることにした。

そろそろ〆切のデッドラインが近づいてきていた。焦る気持ちをおさえ、ツナとハムのサンドイッチを作ろうとしたが、さすがにこの状況でサンドイッチを作るのは止めようと思いとどまった。今の気分は、こうだ。

「完璧な原稿などといったものは存在しない。完璧な絶望が存在しないようにね。」

二〇一七年五月　GWなのに何も予定のない深夜に　村……いや、神田桂一

もし柳家小三治が本書の「解説」を話したら…

え～、ちょいと昔、おフランスに、レーモン・クノーさんて方がいらっしゃいました。とんかつ定食に付いてくるレモンをカツにかけるかキャベツにかけるか悩んでた人、ではないようでございますがね、ええ。〈間―客席―失笑〉詩とか小説なんぞを書いておりましたが今から41年前におっちんで……いや、お亡くなりになってらっしゃる。そのクノーさん、クー公が書いた『文体練習』てえ本がありましてェこれがもう、どうにもこうにも知的ときたもんだッこんちくしょゥ！　あたしが得意のいんぐりっしゅで言うとクリエイティブってェんでしょうか。街なかで起こったなんでもない情景、があるとしやしょう。そのシーンを99通りの文体で書き分けていく、究極の文体遊びってェ風情でございましてね。オツムが1通りっきゃないあたしがここでくっちゃべってったってみなさんわかりゃしねえってもんでしょうから、このハナシ終わって末廣亭出ましたらば、明治通りわたって紀伊國屋書店新宿本店に走ってまずは本を買ってくださいまし。あ、立ち読みはいけァせんぜ立ち読みは！　買わないならせめて万引き……〈客席―笑〉

本屋といやァ、数年前『もし高校野球の女子マネージャーがドラッカーの「マネジメント」を読んだら』なんてェ本が売れたことがありました。巷の呼び方だと「もしドラ」、なんてね。それに似たフレーズをですね、昨年、インターネットでよく見かけやした。『もしも村上春樹がカップ焼きそばの容器にある「作り方」を書いたら。』っつうヤツです。中身はそのまんッま。え〜、ツイートしたのは文章を生業にしてる菊池良さん、りょうさんとしときますか、派出所にいる感じだ、ね。この戯《ざ》れ言《ごと》がことのほか面白いってェんで、ツイッターで拡散したんです。水戸黄門の隣にいる人みたいに……。〈間―客席―無言〉こいつがかなり反響を呼びまして、いろんな方があとを追うように様々な人の文体でェ「カップ焼きそばの作り方」をツイートしていったと。で、あの「まとめ」っつうのにもなりましてね。まったくもうボランティア活動なのかおせっかいなのかわからないアレですよアレ。

え〜、さて、りょうさんの仕事仲間に、神田桂一、けいいっつぁんって人がおります。この人がまた、村上春樹の文体遊びで雑誌に記事を書いたりしていたもんだから、ふたりであるとき「村上春樹の文体で1冊本を書きたい」と盛り上がっちまった。するってえとそのアイデア、けいいっつぁんがつながりのあった石黒謙吾さん、けんさんに持ち込んだ。2016年の9月のことですな。けんさんは自分で本も書きつつプロデュースと編集でいろんなジャンルの本を作ってるおじさんで、とにかくサブカル大好き、見立てクリエイション大好きなもんだからこの話にガブ〜〜〜〜ッ！とばかりに食いついたからたまらないッ！　横山じゃないけどけんさん、イーネ！イーネ!!イーーネッ!!!　ッときたもんだ。でも、ここでけんさん考えましたよ、ええ。なんつっても『文体練習』が三度のメシより好物、しかも、りょうさんのツイートも見ていて本でイケると思ってた。ならば、村上春樹でいろんな状況を書く1冊より先に、文豪たちでカップ焼きそばの作り方だけで1冊のほうが万人にウケるんじゃないのってえんで。じゃあいっそふたりで50人ずつ、しめて100人でレーモン・クノー超えだと。デーモン小暮に似てますけど違ェやすよ。〈間―客席―失笑〉　この作戦に、けいいっつぁんりょうさん大乗り気！　やりましょうやりましょうと相成《あいな》って、けんさん、旧知の編集者でこれまたサブカルと見立てが大好物の同志、宝島社の九内俊彦、とし坊にすぐさま企画書出しましてね。この版元、いい意味でも悪い意味でも派手なネタにャあ、ダボハゼ並みに食いついっちまう。なもんだから企画が通るんじゃねェかと一本釣りでこれがまんまとハマった！　でもって刊行決定となったわけですな。

さて、そうしたならば本のデザインは、これまたけんさんの見立てクリエイションの同志、寄藤文平さん、杉山健太郎さんにとなって打ち合わせた。そこで、イラストを田中圭一さんに漫画家何人かのタッチで文豪を描いて頂ければさらにフェイク、オマージュ、見立てがスケールアップ！と意気上がったァ。これにて、神田のけいいちと田中のけいいち、ダブルけいいっつぁんになった次第でして。え〜、今あたしが手にしてるこの本がそれですがこれ、形態模写ならぬ文体模写として、世界的にも歴史に残る本と言っても言い過ぎじゃありやせんよ。でもって売れたら、はっつぁん熊さんよろしく、けいいっつぁんりょうさんの次回作は『もし日常のシーンに村上春樹が侵入してきたら』でいくっつゥ目論見のようでしてね。後年、2冊で「もし文」「もし村」なんてェ言われてるかもしれませんなッ、これはッ。

あ、まくらがすこぶる長いことで有名なあたしがなんで、いつもと逆に本の最後に登場すんのか、ですって？　そらァだって、せっかくこういうギミックたっぷりの本からお声がかかったからにゃァね、あたしも何かフェイクを凝らしたいじゃあ、ありませんか。で、実は、ある本の紹介をしたくこうして高座に上がらせて頂いたわけでして。その本は、講談社文庫の『ま・く・ら』と『もひとつ　ま・く・ら』、著者は柳家小三治でございます。長〜〜〜い長いまくらでお耳汚し失礼しました。おあとはその2冊の購入がよろしいようで……。

柳……いや、石黒謙吾

STAFF

文 ——— 神田桂一　菊池良

企画・プロデュース・編集 ——— 石黒謙吾

イラスト ——— 田中圭一

デザイン ——— 穴田淳子（a mole design room）

編集 ——— 九内俊彦（宝島社）

DTP ——— 藤田ひかる（ユニオンワークス）

制作 ——— （有）ブルー・オレンジ・スタジアム

本書に登場する、
作家、著名人、媒体などの文章はすべて、
著者がリスペクトしているからこその文体模写となっています。

神田桂一 Keiichi Kanda
フリーライター・編集者
関西学院大学法学部卒。
一般企業勤務から、週刊誌『FLASH』の記者に。
その後、ドワンゴ「ニコニコニュース」編集部などを経てフリー。
雑誌は『ポパイ』『ケトル』『スペクテイター』『クイック・ジャパン』
などカルチャー誌を中心に活動中。
著書に『もし文豪たちがカップ焼きそばの作り方を書いたら』
『もし文豪たちがカップ焼きそばの作り方を書いたら 青のりMAX』
(共に、菊池良と共著/宝島社)。

菊池良 Ryo Kikuchi
ライター・Web編集者
学生時代に公開したWebサイト「世界一即戦力な男」が
ヒットし、書籍化、Webドラマ化される。
現在の主な仕事はWebメディアの企画、執筆、編集など。
著書に『もし文豪たちがカップ焼きそばの作り方を書いたら』
『もし文豪たちがカップ焼きそばの作り方を書いたら 青のりMAX』
(共に、神田桂一と共著/宝島社)。

もし文豪たちがカップ焼きそばの作り方を書いたら
（もしぶんごうたちがかっぷやきそばのつくりかたをかいたら）

2018年 9 月20日　第1刷発行
2024年12月19日　第3刷発行

著　者　神田桂一　菊池良
発行人　関川 誠
発行所　株式会社 宝島社
〒102-8388　東京都千代田区一番町25番地
電話:営業 03(3234)4621／編集 03(3239)0646
https://tkj.jp
印刷・製本　中央精版印刷株式会社

First published 2017 by Takarajimasha, Inc.
ISBN 978-4-8002-8740-3